STUART MCHARDY has been called a lad o pairts, among other things. Writer, musician, storyteller, poet – all these professions have been (dis)graced by him at various times and he is known to lecture on many ...cottish history and culture at the drop of a hat, or the pop ...uch lectures do not always involve strong drink. For 5 years ...s he was Director of the Scots Language Resource Centre in ..., to date, he has had five of his own books published, *Strange* ... *Ancient Scotland, Tales of Whisky and Smuggling, The Wild* ... *an The Greetin-faced Nyaff, Scotland: Myth, Legend and* ...*e* and *Edinburgh and Leith Pub Guide*, the latter a truly erudite ...4e has recently completed a long bawdy work, *Lang Tam the* ... *Bonnie Belle*, or *The Phatale Pharte*, which awaits an illustrator. ... to be found in the bookshops, libraries and tea-rooms of ...urgh he lives near the city centre with the lovely (and ever-tolerant) ...:a and their talented son Roderick.

Scots Poems To Be Read Aloud

Collectit an wi an innin by
Stuart McHardy

Luath Press Limited

EDINBURGH

www.luath.co.uk

For permission to reprint poems in copyright, thanks are due to the
following:-

Gerry Cambridge for 'Shore Crab' from *Nothing But Heather!,* Luath Press Ltd, 1999
Brian D Finch for 'Willie Chisholm' from *Talking with Tongues,* Luath Press Ltd,
2001
Alistair Findlay for 'Fitba Cliché' from *Shale Voices,* Luath Press Ltd, 1999
Matthew Fitt for 'pure radge' from *Pure Radge,* Akros, 1996
Stuart McHardy for 'History – Wha's Story?'
William Neill for 'The Stane' from *Caledonian Cramboclink,* Luath Press Ltd, 2001
Liz Niven for 'The Mairch o the Legions' from Issue 57, *Lallans,* Hairst 2000

'The Queer Folk i the Shaws' is included in Robin Laing's *Scotch Whisky in
Verse and Song,* Luath Press Ltd, 2001

Further details of books published by Luath Press Ltd can be found at the
back of this book.

First Published 2001

The paper used in this book is neutral-sized and recyclable.
It is made in Scotland from elemental chlorine free
pulps sourced from renewable forests.

Printed and bound by
IBT Global, London and New York

Typeset in 10.5 point Sabon by
S. Fairgrieve, Edinburgh 0131 658 1763

Contents

Introduction

THIS BOOK WAS INSPIRED by Tom Atkinson's *Poems to Be Read Aloud: A Victorian Drawing Room Entertainment*, published by the same honourable publishing house as this small contribution. The idea behind this book, as Tom's earlier foray into the same arena, is to have fun reading these poems aloud, preferably to an audience some people like just to perform in front of mirrors, so take your pick.

Writing in Scots has a long and illustrious history and it is still being spoken by millions of the country's inhabitants. If you doubt this walk any city's streets – even douce auld Embra – an simply cock up yer lugs.

One of the great strengths of Scots has always been its capacity for strong rhythm and rhyme as well as its sophisticated ability to handle human emotions in all their variety – tears can easily be brought to the eye just as laughter can be raised from the belly through the use of a language whose strong demotic presence still gives rise to linguistic invention whether in the Glasgow patter or the Doric of Aberdeenshire. The vigour of the spoken tongue has been represented recently in such works as *Trainspotting* by Irvine Welsh and *But n Ben A-Go-Go* by Matthew Fitt, and today there are many younger writers using Scots as their language of choice. In this they simply follow on the tradition of poetry and drama writing in Scots that has survived all attempts to suppress the language in public usage. There are examples here from various parts of the country but none should prove insurmountable.

Within the covers of this book there are great works of art and simple pieces to amuse, with a strong tendency towards the humorous – an aspect of our literary tradition too long scorned by those who consider themselves arbiters of taste. For comedy is always the hardest art. Many of the works here have no pretension to art at all – they are entertainment – and where is the harm in that? We all enjoy a good laugh – and if you don't why are you reading this – so there can be no apology for including works that make me laugh. For there is the rub, the selections are mine.

Hopefully these works can be used in all sorts of situations – as home entertainment, one or two possibly at stag or hen nights, and others on those nights when poetry is often called for in Scotland, Hogmanay and 25th January, Burns Night. Though many have objected down the years to the trappings of Burns Nights suggesting they diminish the bard and his works, the reason they continue is because people want them to – and because two centuries after his death Burns remains the most translated poet in the world, apart from King David in the Christian Bible. (If this claim is factually inaccurate it cannot be by much, and there is no doubt Oor Rabbie is read and loved in many lands where Oor Wullie is unheard of). And as a man of many facets – poet, song writer, song collector, radical thinker and polemicist as well as someone with an eye for the ladies and a thirst for the bottle – he can be reflected in many ways. The idea that the survival of Scots in its modern forms on the tongues of so many people might owe something to the ongoing popularity of our National Bard is not one with which I would ever take exception. I have included his *Halloween* where another might have chosen *Tam o Shanter*, but it is widely available, and indeed is in Tom's earlier book. Although perhaps not as well known it has a great rhythm and tells a wonderful story.

The modern poems included show the wide range of new writing available. Matthew Fitt's *pure radge* creates a character familiar to us all from the wee hours of a Saturday night and Liz Niven's *The Mairch o the Legions* confirms what we all think – that we were harder than the Romans. *Fitba Cliché* by Alistair Findlay shows that poetry is also for the lads and Brian Finch's *Willie Chisholm* eloquently takes us back to the '45 with all the emotion that entails. All these poems make for great reading aloud, along with the others in this collection.

As someone who has performed often in public – not always as intended – as a poet, musician, lecturer and master of ceremonies I have always admired the capacity so many people show for recitation, whether in the home, the howff or on the stage. I have been graced in life with many friends who had a party piece or three with which to entertain any company they found themselves in. It must be said that many such occasions have involved the intake of small and measured amounts of fermented beverages – often copious glasses thereof, but as Burns himself said:

'Whisky and Freedom gang thegither'

a sentiment I would gladly extend to both wine and beer, the quality of which have increased enormously over the past few decades. Not so long ago the idea of being able to order a decent bottle of Chardonnay in a pub would simply not have arisen and asking for anything other than whisky, beer or lager in many places would elicit comments from the company on one's manhood – or lack thereof – or perhaps worse, of having lived too long in Edinburgh. Nowadays our tastes are more sophisticated as regards what we drink, at home and in the pub, but taste is of course a personal matter and a good pint of heavy is still a good pint of heavy.

Some of the inclusions here have tunes, and if you can carry a tune – or rather if your friends tell you can carry a tune (the two situations are not the same thing at all) – you might like to sing them, but the primary function of this book is to provide material which can be spoken aloud.

A short comment must be made on the contentious subject of spelling. I have simplified some matters where I think it helps the general reader understand better and throughout have avoided the disgraceful and now utterly outdated idea of using apostrophes to represent supposed missing letters. *Tam o Shanter* is Scots; Tam o' Shanter suggests that the word should be 'of' which is the English for the pronoun – generally in Scots it is 'o'. Likewise I have avoided the orthographic peculiarities that so many scholars insist are the only acceptable forms. The idea here is simply that we put the language in print as close to how it is spoken as possible and try not to frighten the horses, without doing too much harm to the author's intent.

Tom Atkinson claimed his book was 'an attempt to stem the great and surging tide of canned entertainment'. It is true that with televison, videos and computers, which have come onto the scene since the earlier book was first published, there is a lot of competition out there but as the continuing sales of books illustrates – some of you still read! Tom mentioned the ceilidh but this is something that has changed with many people now seeing a ceilidh as a dance-based evening of public entertainment rather than a communal gathering for mutual entertainment – and in earlier times edification. However, anywhere a group of people gather to sing songs, recite poems or tell tales to each other the spirit of the ceilidh will continue. A point he also made was that you do not have to memorise the works to have and give pleasure. Simply reading them can do the trick but you should always practice first! However if you want to impress friends and even catch the eye of someone of the opposite gender, or the same if that's your choice, then memorising them is worth the effort. I treasure the performance of *Tam o Shanter* by one friend in another's house, a few years back. The way he delivered the story, entering into the characters and performing with admirable gusto, was a pefect example of what I hope this wee book might encourage. Thanks Scott.

Enough of such worthy rantings, the idea of this book is to help people have fun by reciting the works wherever it suits, whether it is a works outing, a boys' night out, a hen party, an evening in with friends, a wedding reception or a birthday party.

Stuart McHardy

Ma Mither Tung

Peter Whytock

A wa wi aw yer high-flown speech!
Tho framed wi muckle airt,
A cannae thole its plishit soonds,
They dinnae reach the hairt;
Gie me the straicht-oot feckfu crack
Frae affectation free,
An cleed it in the guid braid Scotch
Ma mither tung for me!

An wha are they that caw it coorse,
Nor fit for cultured ear?
It's accents speak o Freedom's micht,
An aw the hairt hauds dear;
Let aw gang wrang, an may ma hairt
Wi dule an wae be wrung,
Gin A forget or lichtly speak
O thee, ma mither tung!

Ma mither tung – ah, yes twas hers
Wha bein gave tae me;
A'll mind her guid auld-farrant wards
Until the day A dee.
Their hamely music thrills me thro,
An maks me aince mair yung;
Nae wunder tho I lou it weel,
Ma ain – ma mither tung!

When far awa fae Scotland's shore,
Oot ower the saut sea faem,
Her mony wanderin sons aft think
Upon their ain auld hame;
When nocht upon their weary ears
But stranger speech is flung,
They lang tae hear the kindly sough
O their ain mither tung.

An syne its sangs – oor ain Sots sangs,
Nane may wi them compare,
For natur, an the passions aw,
Are mirrored truly there;
May mony mair, as time rows on
By Scotia's bairns be sung!
An sae like brithers mak us aw
Wha lou oor mither tung.

The Whistle

Charles Murray

He cut a sappy sooker from the muckle-rodden-tree,
He trimmed it, an he wet it, an he thumped it on his knee;
He never heard the teuchat when the harrow broke her eggs,
He missed the craggit heron nabbin puddocks in the seggs,
He forgot to hound the collie at the cattle when they strayed,
But you should hae seen the whistle that the wee herd made.

He wheepled on't at mornin an he tweetled on't at nicht,
He puffed his freckled cheeks until his nose sank oot o sicht,
The kye were late for milkin when he piped them up the closs,
The kitlins got his supper syne, an he was beddit boss;
But he cared nae doit nor docken what they did or thocht or said,
There was comfort in the whistle that the wee herd made.

He played a march tae battle, it cam dirlin through the mist,
Till the halflin squared his shouders an made up his mind tae list;
He tried a spring for wooers, though he wistna whit it meant,
But the kitchen-lass was lauchin an he thocht she maybe kent;
He got ream an buttered bannocks for the lovin lilt he played.
Wasna that a cheery whistle that the wee herd made?

He blew them rants sae lively, schottisches, reels an jigs,
The foalie flang his muckle legs an capered ower the rigs,
The grey-tailed futtret bobbit oot to hear his ain strathspey,
The bawd cam loupin through the corn to 'Clean Pease Strae';
The feet o ilka man an beast gat youkie when he played –
Have ye ever heard a whistle like the wee herd made?

But the snaw it stopped the herdin an the winter brocht him dool,
When in spite o hacks an chilblains he was shod again for school;
He couldna sough the catechis nor pipe the rule o three,
He was keepit in an lickit when the ither loons got free;
But he aften played the truant – twas the only thing he played
For the maister brunt the whistle that the wee herd made!

Freedom

John Barbour

Ah Freedom is a noble thing!
Freedom makes man to have liking!
Freedom all solace to man gives:
He lives at ease that freely lives!
A noble heart may have none ease,
Nor ellys nought that may him please,
If freedom fail: for free liking
Is yearned owre all other thing.
Nor he, that aye has lived free,
May not know well the property,
The anger, nor the wretched doom,
That is coupled to foul thraldom.
But, if he had essayed it,
Then all perquer he should it wit;
And should think freedom more to prize
Than all the gold in world that is.

The Boy on the Train

M. C. Smith

Whit wey does the engine say Toot-toot?
    Is it feart to gang in the tunnel?
Whit wey is the furnace no pit oot
    When the rain gangs doon the funnel?
What'll I hae for my tea the nicht?
    A herrin, or maybe a haddie?
Has Granma gotten electric licht?
    Is the next stop Kirkcaddy?

There's a hoodie-craw on yon turnip-raw!
    An sea-gulls! – sax or seeven.
I'll no faw oot o the windae, Maw,
    It's sneckit, as sure as I'm leivin.
We're into the tunnel! we're aw in the dark!
    But dinna be frichtit, Daddy,
We'll sune be comin to Beveridge Park,
    And the next stop's Kirkcaddy!

Is yon the mune I see in the sky?
    It's awfu wee an curly.
See! there's a coo and a cauf ootbye,
    An a lassie puin a hurly!
He's chackit the tickets and gien them back,
    Sae gie me my ain yin, Daddy.
Lift doon the bag frae the luggage rack,
    For the next stop's Kirkcaddy!

There's a gey wheen boats at the harbour mou,
 And eh! dae ye see the cruisers?
The cinnamon drop I was sookin the noo
 Has tummelt an stuck tae ma troosers...
I'll sune be ringin ma Granma's bell
 She'll cry, 'Come ben, my laddie,'
For I ken mysel by the queer-like smell
That the next stop's Kirkcaddy!

Tam o The Linn

Joanna Baillie

Tam o the Linn cam up the gait,
Wi twenty puddin's on a plate,
And every puddin had a pin –
'There's wud eneuch here,' quo Tam o the Linn.

Tam o the Linn had nae breeks to wear,
He coft him a sheep's-skin to mak him a pair,
The fleshy side out, the woolly side in –
'It's fine summer cleedin,' quo Tam o the Linn.

Tam o the Linn and aw his bairns,
They fell in the fire in ilk ither's airms;
'Oh,' quo the bunemost, 'I have a het skin' –
'It's hetter below,' quo Tam o the Linn.

Tam o the Linn gaed to the moss
To seek a stable to his horse;
The moss was open, and Tam fell in –
'I've stabled mysel,' quo Tam o the Linn.

Sir Patrick Spens

Anonymous

The King sits in Dunfermline toun
Drinkin the blude-reid wine
'O whaur will A get a skeely skipper
Tae sail this new ship o mine?'

O up and spak an eldern knight,
Sat at the king's richt knee;
'Sir Patrick Spens is the best sailor
That ever sailt the sea.'

Our king has written a braid letter
And sealed it wi his hand,
And sent it to Sir Patrick Spens,
Wis walkin on the strand.

'Tae Noroway, to Noroway,
Tae Noroway ower the faem;
The king's dauchter o Noroway,
Tis thou maun bring her hame.'

The first word that Sir Partick read
Sae loud, loud laucht he;
The neist word that Sir Patrick read
The tear blindit his ee.

'O wha is this has duin this deed
An tauld the king o me,
Tae send us out, at this time o year,
Tae sail abuin the sea?

'Be it wind, be it weet, be it hail, be it sleet,
Our ship maun sail the faem;
The King's dauchter o Noroway,
Tis we maun fetch her hame.'

They hoystit their sails on Monenday morn
Wi aw the speed they may;
They hae landit in Noroway
Upon a Wodensday.

'Mak ready, mak ready, my merry men aw!
Our gude ship sails the morn.'
'Nou eer alack, ma maister dear,
I fear a deadly storm.'

'A saw the new muin late yestreen
Wi the auld muin in her airm
And gif we gang tae sea, maister,
A fear we'll cam tae hairm.'

They hadnae sailt a league, a league,
A league but barely three,
When the lift grew dark, an the wind blew loud
An gurly grew the sea.

The ankers brak, an the topmaist lap,
It was sic a deadly storm:
An the waves cam ower the broken ship
Til aw her sides were torn.

'Go fetch a web o silken claith,
Anither o the twine,
An wap them into our ship's side,
An let nae the sea cam in.'

They fetcht a web o the silken claith,
Anither o the twine,
An they wappp'd them roun that gude ship's side,
But still the sea cam in.

O laith, laith were our gude Scots lords
Tae weet their cork-heelt shuin;
But lang or aw the play wis playd
They wat their hats abuin.

And mony wis the feather bed
That flattert on the faem;
And mony wis the gude lord's son
That never mair cam hame.

O lang, lang may the ladies sit,
Wi their fans intae their hand,
Afore they see Sir Patrick Spens
Come sailin tae the strand!

And lang, lang may the maidens sit
Wi their gowd kames in their hair,
A-waitin for their ane dear loes!
For them they'll see nae mair.

Half-ower, half-ower to Aberdour,
Tis fifty fathoms deep;
An there lies gude Sir Patrick Spens,
Wi the Scots lords at his feet!

Shore Crab

Gerry Cambridge

Haw, Jimmy, dinnae mess wi me.
Fancy yer chances, eh? Eh? we'll see.
Naw, they dinnae caw
me Shug the Claw
fer naethin. Mon, square go then, srang,
ye feart? Ahve taen a haill gang
o the likes o ye at wance.
Dinnae reckon yer chance
noo, eh? When ye get tae hell
ah'll be waitin there fer ye. Caw
me a scroonger, eh? Ay, awa
an rin ti yer maw
ya wimp! Mind o Shug the claw.

The Queer Folk i the Shaws

James Fisher

I thocht unto mysel ae day I'd like to see a Race,
For mony ither lads like me had been to sic a place;
Sae up I gat an wasd mysel, put on my Sunday braws,
An wi a stick into my hand I started for the Shaws!

My mither tichtly coonsellt me afore that I gaed oot,
To tak gude care and mind my ee wi what I was aboot;
Said she 'Ye may be trod to death beneath the horses' paws;
An mind ye, lad, the sayin's true – 'There's queer folk i the Shaws!'

The races pleased me unco weel – gosh! They were grand to see:
The horses ran sae awfu swift, I thocht they maist did flee;
When they cam near the winnin-post – O, siccan loud huzzas!
Ye wad hae thocht theyd a gane daft – the queer folk i the Shaws!

A bonnie lass cam up to me and asked me for a gill;
Quoth I, 'If that's the fashion here, I mauna tak it ill.'
She wiled me owre intil a tent, an half-a-mutchkin cas;
Thinks I, my lass, I see it's true – There's queer folk i the Shaws!

The whisky made my love to bleeze, I fand in perfect bliss,
So I grippt the lassie roun the neck to tak a wee bit kiss;
When in a crack she lifts her neive and bangs it in my jaws;
Says I, 'My dear, what means a this?' – There's queer folk i the Shaws!

A strappin chiel cam forrit then and took awa my lass,
Miscad me for a kintra cloun – a stupid silly ass;
Says I, 'If I've dune ony ill juist lat me ken the cause' –
He made his fit spin aff my hip – There's queer folk i the Shaws!

Aroused at last, I drew my fist, and gied him on the lug,
Though sairly I was worried fort by his big collie dug;
It bit my legs, it bit my airms, it tore my Sunday braws,
And in the row I lost my watch, wi the queer folk i the Shaws.

The police then cam up to me, and hauled me aff to quod;
They put their twines aboot my wrists, and thumpt me on the road;
They gard me pay a gude poundnote ere I got oot their claws;
Catch me again when I'm taen in by the queer folk i the Shaws.

pure radge

Matthew Fitt

A h'm mentul
pure radge
a richt ramstoorie ragabash

scabbie-heidit
muckle-boukit
aye hingin
hotchin wi clart

ah'll tak a dram
ah'll tak *your* dram
a drap o ocht
that'll get us fleein

a pint o heavy
while ye're there
a joug o pure fire
a tassie o gaskin wine
a stein o shumhin wikkit
tequila, voddie
slainte mhath
up yir crack

syne hauf-seas owre
ah'll whummle ye
cowp yir harns
ramfoozle and bumbase

gashle yir rhetoric
and drehv ye
up the waw

hoochmagandie?
ah'll hooch yir grannie
and daunce like a run-deil
the reel o the bogie

and in amangst it
the stushie
the collieshangie
the reel-rall
rummle-tummle
ramrace o a fecht

ah'll hae
tak a radgie
loss the rag
and stove yir heid in
pal

ah'm mentul
pure radge
a richt ramstoorie ragabash

dinna mess

The Wee, Wee Man

Anonymous

As I was walking all alane
   Atween a water and a wa,
O there I met a wee wee man,
   And he was the least I ever saw:

His legs were scarce a shathmont lang,
   And thick and thimber was his thie;
Atween his brows there was a span,
   And atween his shoulders there was three.

He took up a mickle stane,
   And flang't as far as I could see
Though I had been a Wallace wight
   I could na lift it to my knee.

'O wee wee man, but thou be strang,
   O tell me where thy dwelling be?'
'My dwelling's down at yon bonnie bower,
O will you gang wi me and see?'

On we lap, and awa we rode,
   Till we came to yon bonnie green;
We lighted down to bait our horse,
   And out there came a lady fine.

Four-and-twenty at her back,
    And they were aw clad out in green;
Though the king of Scotland had been there,
    The warst o them might hae been his queen.

And on we lap, and awa we rade,
    Till we came to yon bonnie haw,
Whare the roof was o the beaten gowd,
    And the floor was o the cristal aw:

And there were harpings loud and sweet,
    And ladies dancing jimp and sma;
But in the twinkling of an eye
    My wee wee man was clean awa.

See Ye Johnny Comin?

Anonymous

'See ye Johnny comin?' quo she,
  'See ye Johnny comin,
Wi his coat o hodden grey,
An his doggie runnin?
See him comin ower the lee,
An his doggie wi him
Wi his bunnet cockit ajee,
Fee him faither, fee him,' quo she,
'An for a merk o mair fee dinnae staun wi him.'

'Whit wuid ye dae wi him, hussie,
Whit wuid ye dae wi him?
For deil a pair o breeks he has,
An ye hae nane tae gie him?'
'A hae twa coaties in ma kist,
An ane o them A'll gie him.
Then fee him faither, fee him' quo she,
'An for a merk o mair fee dinnae staun wi him.'

'For he's a bonny tall yung man
an a weel-doin,
An the wark aboot the hoose
Gaes weel on whan A see him.
A'll spin a hesp o mair yarn
Ilka day A see him.
Then fee him faither fee him' quo she,
'An for a merk o mair fee dinnae staun wi him.'

'Will he wark if A fee him,' quo he,
'Will he wark if A fee him?'
'Deed, faither, there's nae fear o that,
Gin rowth o meal ye gie him;
He'll haud yer plough, thrash in yer barn,
An crack wi me at een.
Then fee him faither fee him,' quo she,
'An for twa merk mair o fee for lord's sake staun nae wi
him.'

'But gin ye winnae fee him,' quo she,
'Gin ye winnae fee him,
A'll kilt ma coats aroun ma knee
An A'll awa wi him'
'Gin ye stay A'll fee him,' quo he,
'Gin ye stay A'll fee him,
Gin he'll thrash in the barn aw day
Muckle gear A'll gie him.'

'Come awa an fee him,' quo she,
'Come awa an fee him.
He shall thrash in yer barn aw day
But crack wi me at een.'
'Then A'll be kind tae him, bussie,
A'll be kind tae him,
Gin he thrash in ma barn aw day
An crack wi ye, A'll loe him.'

'Come awa til him,' quo she,
'Come awa til him,
Aw that's athin oor pantry door,
Shall aw be got tae fill him.'
'Come an let us dae it, bussie,
Come an let us dae it,
The best we hae athin the hoose,
He's aye be walcome tae it.'

The Puddock

J. M. Caie

A puddock sat by the lochan's brim,
An he thocht there was never a puddock like him.
He sat on his hurdies, he waggled his legs,
An cockit his heid as he glowered throu the seggs.
The bigsy wee cratur was feelin that prood,
He gapit his mou an he croakit oot lood:
'Gin ye'd aw like tae see a richt puddock,' quo he,
'Ye'll never, I'll sweer, get a better nor me.
I've femlies an wives an a weel-plenished hame,
Wi drink for my thrapple an meat for my wame.
The lasses aye thocht me a fine strappin chiel,
An I ken I'm a rale bonny singer as weel.
I'm nae gyaun tae blaw, but the truth I maun tell –
I believe I'm the verra MacPuddock himsel.'

A heron was hungry an needin tae sup,
Sae he nabbit the puddock and gollupt him up;
Syne runkled his feathers: 'A peer thing,' quo he,
'But – puddocks is nae fat they eesed tae be.'

The Laird o Cockpen

Lady Nairne

The Laird o Cockpen, he's proud an he's great,
His mind is taen up wi the things o the state;
He wanted a wife his braw house to keep,
But favour wi wooin was fashious to seek.

Doun by the dyke-side a lady did dell,
At his table-head he thought she'd look well;
M'Cleish's ae dauchter o Claverse-Ha Lee,
A penniless lass wi a lang pedigree.

Hi wig was well pouther'd, an as guid as new,
His waistcoat was white, his coat it was blue;
He put on a ring, a sword, an a cock'd hat –
And wha could refuse the laird wi aw that?

He took the grey mare, an rade cannilie,
And rapped at the yett o Claverse-Ha Lee:
'Gae tell Mistress Jean to come speedily ben,
She's wanted to speak to the laird o Cockpen'.

Mistress Jean was makin the elder-flower wine:
'And what brings the laird at sic a like time?'
She put off her apron and on her silk gown,
Her mutch wired ribbons, and gaed awa doun.

And when she cam ben, he bowit fu low,
And what was his errand he soon let her know;
Amazed was the laird when the lady said 'Na';
And wi a laigh curtsie she turnit awa.

Dumfounert he was, nae sigh did he gie,
He mountit his mare, and he rade cannilie;
An often he thought, as he gaed thro the glen,
She's daft to refuse the Laird o Cockpen.

The Pest

W. Rus Darling

Oh ye, wha in your oors o ease,
　Are fashed wi golochs, mauks, an flees,
Fell stingin wasps an bumble bees,
　Tak tent o this:
There's ae sma pest that's waur nor these
　To mar your bliss.

They hing ower hedges, burns, an wuds,
　An dance at een in dusky cluds;
Wi aw your random skelps an scuds,
　They're naeweys worrit:
Gin there's a hole in aw your duds,
　They'll mak straucht for it.

I've traivled wast, I've traivled east;
　I'm weel aquant wi mony a beast;
Wi lions, teegers, bears – at least
　I've kent their claw:
I've been the fell mosquito's feast-
　But this cowes aw.

Auld Scotland, on thy bonnie face,
　Whan Mither Nature gied ye grace,
Lown, birken glens an floery braes,
　Wild windy ridges,
To save ye frae deleerit praise,
　She gied ye midges.

The Nicht is Neir Gone

Alexander Montgomerie

Hay! nou the day dauis;
The jolie Cok crauis.
Nou shroudis the shauis,
Throus Natur anone.
The thissell-cok cryis
On lovers wha lyis:
Nou skaillis the skyis;
The nicht is neir gone.

The feildis ourflouis
With gouans that grouis;
Quhair lilies lyk lou is,
Als rid as the rone.
The turtill that treu is,
With nots that reneuis
Hir pairtie perseuis.
The nicht is neir gone.

The sesone excellis
Thrugh sueetness that smellis.
Nou Cupid compellis
Our hairtis ech one
On Venus wha waikis,
To muse on our maikis,
Syn sing, for thair saikis,
The nicht is neir gone.

The freikis on feildis
That wight wapins weildis
With shyning bright shieldis
As Titan in trone;
Stiff speirs in reistis,
Ouer cursoris cristis,
Ar brok on thair breistis:
The nicht is neir gone.

So hard ar thair hittis,
Some sueyis, some sittis,
And some perforce flittis
On grund whill they grone.
Syn groomis that gay is,
On blonkis that brayis
With suordis assaysis:
The nicht is neir gone.

Saunders MacSiccar

Hamish Hendry

A e muneless nicht in a blear October
Auld Saunders MacSiccar gaed dodderin hame;
He wasna near fou, nor he wasna richt sober,
Though I sair misdoot if he kent his name;
When there at the cross-roads, staked and tethered,
Glowered a black goat! Or was it a deivil?
'Preserve us,' quo Saunders, 'since noo we've forgethered,
A sinfu auld man had better be ceivil!
'You're richt,' quo the Goat.

Guid guide us! thocht Saunders, sure this is no canny,
It's as true as I'm sober I heard the baste speak;
A clever wee deil could change hides wi a nanny,
And still mak its hame in the Brunstane Reek;
But natheless it's tied wi a gey stout tether,
Sae I'll speak it fair, for this cowes the cuddy;
'Braw nicht,' quo Saunders, 'and no bad weather
For deils, or goats, or a daunderin buddy!'
'Braw nicht,' quo the Goat.

Weel, that's fair and friendly, thocht Saunders MacSiccar,
And it's plain as his beardie I've naething to fear; –
Though I'm no gaun to argy, and it's ower dark to bicker,
There's twa-three bit questions I'd like fine to speir!
I'm a Scotsman mysel, I was born oot at Fintry,
And this deil has the Scots twang, whaever has bred um:-
'Do you think,' quo Saunders, 'oor grand auld kintry
Has drapped a gey hantle o its dour smeddum?'
'You're richt,' quo the Goat.

I kent I was richt, man; and this is the way o't –
The flyte and the fecht are noo clean oot o fashion;
Ye daurna noo thraw for the yea or the nay o't,
But pouch your opinions row'd up like a rashion;
It's no your ain tune, but what ither folk whistle
That noo ye maun dance till, or else ye'll repent it!
Am I no richt in saying the prood Scottish thistle
Is no just as jaggie as what we hae kent it?'
'You're richt,' quo the Goat.

'The kirks noo,' quo Saunders, 'hae tint aw their flyting,
Since I was a laddie and crooned ower the Carritch;
Oh! the brisk collyshangie! Oh, the barking and biting,
Lord! yon was the spurtle steered saut in oor parritch!
But noo things are wersh, – ilka poopit's bow-wowless,
While the Carritch, Guid help us, grows shorter and shorter;
It's a dowie auld Scotland, forjeskit and thowless,
Noo the kirks are mixed throwther and brayed in a
morter!'
'You're richt,' quo the Goat.

'And whare is the freedom that made Scotland prooder
Than ony prood kintry frae here to the Indies, –
The freedom oor faithers won, shooder to shooder,
When Scotland was Scotland, and shindies were shindies?
Sma drams for the drouthy, nae honest free drinking;
Laws here and rules there, wi teetotalers to hinder;
But between oor twa sels, am I no richt in thinking
We're no jist the folk to gang dry as a cinder?'
'You're richt,' quo the Goat.

'Fine I kent I was richt; I've a wonderfu noddle;
I can see through a whinstane as far as anither;
And if ye're the deil, Gosh! I carena a boddle
For we've 'greed on aw hands, as brither wi brither.
But I maun get hame, sae I bid ye guid nicht noo;
This road is gey dark, yet I ken aw the links o't;
It's just like the world; and am I no richt noo, –
The deil and a Scotsman, they ken aw the kinks o't!'
'You're richt,' quo the Goat.

Thomas the Rhymer

Old Ballad

T rue Thomas lay on Huntlie Bank
   A ferlie he spied wi his ee,
An there he saw a lady bricht
Come ridin by the Eildon Tree.

Her skirt wis o the gress-green silk,
Her mantle o the velvet fine,
At ilka tett o here horse's mane
Hung fifty siller bells an nine.

True Thomas he poued aff his cap,
An boued doun low upon his knee,
'All Hail thee michty Queen o Heaven,
For thy peer on earth A neer did see.'

'O no, O no, Thomas,' she said,
'That name does not belang tae me,
A am bit the Queen o fair Elfland,
That am hither come tae visit thee.

'Harp an carp, Thomas', she said,
'Harp an carp alang wi me,
An if ye dare tae kiss ma lips,
Sure o yer body A will be.'

'Beside me weal, beside me woe,
That wierd sall nivver daunton me.'
Syne he has kissit her rosy lips,
Aw underneath the Eildon Tree.

'Nou ye maun gang wi me,' she said,
'True Thomas, ye maun gang wi me,
An ye maun serve me seeven year
Thru weal or woe as may chance tae be.'

She's mountit on her milk-white steed,
She's taen True Thomas up behin,
An aye, wheneer her bridle rung,
The steed flew faster nor the win.

O they rade on, an farther on,
The steed gaed swifter nor the win,
Until they reachit a desert wide,
An leevin laun was left behin.

'Licht doun, licht doun, nou true Thomas,
An lean yer heid upon ma knee,
Abide an rest a wee bit while
An A will show ye ferlies three.

O see ye no yon narrae road
Sae thick beset wi thorns an briars?
That is the path o richteousness
Tho eftir it but few enquires.

An see ye no that braid, braid road,
that lies across that lily leven?
That is the path o wickedness,
Tho some caw it the road tae Heaven.

An see ye no that bonny road
That winds aboot the fernie brae?
That is the road tae fair Elfland,
Whaur thou an A this nicht maun gae.

But Thomas ye maun haud yer tung,
Whateer ye may hear or see,
For if ye speak word in Elfinland
Ye'll neer get back tae yer ain countrie.'

O they rade on, an farther on
An they wadit thru rivers abune the knee
An they saw neethir sun nor mune
But they heard the rinnin o the sea.

It was mirk, mirk nicht an there wis nae stern licht,
An they wadit thru red blude tae the knee,
For aw the blude that's shed on earth,
Rins thru the springs o that countrie.

Syne they came tae a gairden green,
An she poued an aipple fae a tree
'Tak this for thy wages True Thomas,
It wil gie ye a tung that can nivver lee.'

'Ma tung is ma ain,' true Thomas said,
'A guidlie gift ye gie tae me,
A neethir dought to buy nor sell
At fair or tryst whaur A may be.

I dought neethir speak tae prince or peer,
Nor ask grace fae a fair lady'
'Nou haud thy peace!' the lady said,
'For as A say, sae maun it be.'

He has gotten a coat o the elven claith,
An a pair o shuin o velvet green,
An till seiven year were gane an past
True Thomas on earth wis nivver seen.

The Annuity

George Outram

A gaed to spend a week in Fife –
An unco week it proved to be –
For there I met a waesome wife
Lamentin her viduity.
Her grief brak out sae fierce and fell,
A thought her heart wad burst the shell;
And – I was sae left to mysel –
A selt her an annuity.

The bargain lookit fair enough –
She just was turned o saxty-three;
I couldna guessed she'd prove sae teugh,
By human ingenuity.
But years have come, and years have gane,
And there she's yet as stieve's a stane –
The limmer's growin young again,
Since she got her annuity.

She's crined awa to bane an skin,
But that it seems is nocht to me;
She's like to live – although she's in
The last stage o tenuity.
She munches wi her wizened gums,
An stumps about on legs o thrums,
But comes – as sure as Christmas comes –
To caw for her annuity.

She jokes her joke, an cracks her crack,
As spunkie as a growin flea –
An there she sits upon my back,
a livin perpetuity.
She hurkles by her ingle side,
An toasts an tans her wrunkled hide –
Lord kens how lang she yet may bide
To caw for her annuity!

A read the tables drawn wi care
For an Insurance Company;
Her chance o life was stated there
Wi perfect perspicuity.
But tables here or tables there,
She's lived ten years beyond her share,
An's like to live a dizzen mair,
To caw for her annuity.

A gat the loon that drew the deed –
We spelled it oer richt carefully –
In vain he yerked his souple heid,
To find an ambiguity;
It's dated – tested – aw complete –
The proper stamp – nae word delete –
And diligence, as on decreet,
May pass for her annuity.

Last Yule she had a fearfu hoast –
A thought a kink might set me free;
A led her oot, mang snaw and frost,

Wi constant assiduity.
But Deil ma care – the blast gaed by,
An missed the auld anatomy;
It just cost me a tooth, forbye
Dischargin her annuity.

I thought that grief micht gar her quit –
Her only son was lost at sea –
But aff her wits behuved to flit
An leave her in fatuity!
She threeps, an threeps, he's livin yet,
For aw the tellin she can get;
But catch the doited runt forget
To caw for her annuity!

If there's a sough o cholera
Or typhus – wha sae gleg as she?
She buys up baths, and drugs an aw,
In siccan superfuity!
She doesna need – she's fever proof –
The pest gaed ower her very roof;
She tauld me sae – an then her loof
Held out for her annuity.

Ae day she fell – her arm she brak –
A compound fracture as could be;
Nae leech the cure wad undertak,
Whateer was the gratuity.
It's cured! – She haunles't like a flail –
It does as weel in bits as hale;

But A'm a broken man mysel
Wi her an her annuity.

Her broozled flesh, an broken banes,
Are weel as flesh and banes can be.
She beats the taeds that live in stanes,
An fatten in vacuity!
They dee when they're exposed to air –
They canna thole the atmosphere;
But her! expose her onywhere –
She lives for her annuity.

If mortal means could nick her thread,
sma scrime it wad appear to me;
A'd murder, or ca't homicide –
A'd justify't – an do it tae.
But how to fell a withered wife
That's carved out o the tree o life –
The timmer limmer daurs the knife
To settle her annuity.

A'd try a shot – but whar's the mark?
Her vital parts are hid frae me;
Her back-bane wanders through her sark
In an unkennt corkscrewity.
She's palsified – an shakes her head
Sae fast about, ye scarce can see't;
It's past the power o steel or lead
To settle her annuity.

She micht be drowned – but go she'll not
within a mile o loch or sea –
Or hanged – if cord could grip a throat
O siccan exiguity.
It's fitter far to hang the rope –
It draws out like a telescope;
Twad tak a dreafu length o drop
To settle her annuity.

Will pusion do't? – It has been tried;
But, be't in hash or fricassee,
That's just the dish she can't abide,
Whatever kind o gout it hae.
Its needless to assail her doubts –
She gangs by instinct – like the brutes –
An only eats an drinks what suits
Hersel an her annuity.

The Bible says the age o man
Threescore an ten perchance may be;
She's ninety-fower – let them wha can
Explain the incongruity.
She shuid hae lived afore the flood –
She's come o Patriarchal blood –
She's some auld Pagan, mummified
Alive for her annuity.

She's been embalmed inside and oot
She's sauted to the last degree –
There's pickle in her very snoot
Sae caper-like an cruety;
Lot's wife was fresh compared tae her;
They've Kyanised the usless knir –
She canna decompose – nae mair
Than her accursed annuity.

The watter-drap wears oot the rock
As this eternal jaud wars me;
A cuid withstand the single shock,
But no the continuity.
It's pay me here – an pay me there –
An pay me, pay me, evermair;
A'll gang demented wi despair –
A'm charged for her annuity!

The Mairch o the Legions

Liz Niven

Dae ye ken aboot the Romans?
They wes here in yin AD
Maircht right intae England
As gallus as can be.

Their Emperor wes Hadrian,
An he telt them yin an aw,
Tae gan up tae the North o Britain
An build a muckle wa.

An efter they had built it,
An steyed a year or twa,
They wanted even mair grun,
'We'll jist hae Scotland an a'.

They stertit mairchin norwards
Wi thir legions an thir army.
The weather chynged, an midgies?
They began tae drive them barmy.

Noo if ye want tae be exact
An ken aboot the time,
Then this new wa wis built aroon
Yin hunner an thirty nine.

Bit they soldiered on tae conquer,
An occupy the sticks,
Until they met their matches
They hadnae reckoned on the Picts!

Wi paintit face, ferocious cries,
An rid an flowin hair,
The angry Picts jist knocked them back
An cried 'Enough! Nae Mair!'

Bit the Romans wir that thrawn
That they couldnae tak a tellin,
Still they tried tae conquer mair
O oor Caledonian dwellin.

The Romans then decided
That they'd build anither wa,
An try tae keep the Picts at bay
Sae thir Empire widnae fa.

By this time back in Rome
The Emperor had changed,
It wisnae Hadrian onie mair,
Bit Antonine he's named.

Noo this wa stretched, fae east tae west
Wi seventeen forts an aw,
The Kelvin bridged, signal towers,
Wuid an a big turf wa.

Fae Bridgeness near Bo'ness,
Tae aul Kilpatrick near Bearsden,
Ye can still see bits in Fawkirk,
Bit a turf wa disnae mend.

An that's why a the time,
If there's a Roman wa discussion,
Fowk ken fine o Hadrian's
Bit o Antonine's ken nothin.

An even less is mentioned
O the road they built at Gask,
Wi nine guid timbered towers
Tae watch fir Picts that passed.

Oan tap o that the reason,
That Hadrian's was weel kent,
Is that Roman Rule in England
Made a gey faur bigger dent.

So tae feenish aff ma story
There a pynt A ha tae make,
These treaties an legalities
The Scots fowk didnae take.

Tae be pairt o the Roman Empire,
We never did consent.
As faur as Scotland wis concernt,
They came, they seen, they went.

The Farmer's Ingle

Robert Fergusson

When gloamin grey out-owre the welkin keeks;
 When Batie caw's his owsen to the byre;
When Thrasher John, sair dung, his barn-door steeks,
And lusty lasses at the dightin tire;
What bangs fu leal the eenin's comin cauld,
And gars snaw-tappit winter freeze in vain?
Gars dowie mortal look baith blythe an bauld,
Nor fleyd wi aw the poortith o the plain?
Begin, my muse! and chaunt in hamely strain.

Frae the big stack weel winnowt on the hill,
Wi divots theekit frae the weet an drift,
Sods, peats an heathery truffs the chimley fill,
An gar their thickenin smeek salute the lift.
The gudeman, new come hame, is blythe to find,
When he oot-owre the hallan flings his een,
That ilka aw his hoosie looks sae cosh an clean;
For cleanly hoose loes he, though eer sae mean.

Weel kens the gudewife that the pleuchs require
A heartsome meltith, an refreshing synd
O nappy liquor, owre a bleezin fire;
Sair wark an poortith downa weel be joined
Wi butterit bannocks now the girdle reeks;

I the far neuk the bowie briskly reams;
The readied kail stand by the chimley cheeks,
And haud the riggin het wi welcome streams,
Whilk than the daintiest kitchen nicer seems...

The couthy cracks begin when supper's owre;
The cheerin bicker gars them glibly gash
O simmer's showrey blinks, and winter sour,
Whase floods did erst their mailin's produce hash.
Bout kirk an market eke their taks gae on;
How Jock woo'd Jenny here to be his bride;
And there how Marion, for a bastard son,
Upon the cutty stool was forced to ride,
The waefu scauld or Mess John tae bide.

The fient a cheep's amang the bairnies now,
For aw their anger's wi their hunger gane:
Any maun the childer, wi a fastin mou,
Grumble an greet, an mak an unco mane.
In rangles round, before the ingle's lowe,
Frae gudedame's mouth auld warld tales they hear,
O warlocks loupin round the wirrikow;
O ghaists, that win in glen an kirkyard drear;
Whilk touzles aw their tap, an gars them shak wi fear! ...

In its auld lerroch yet the deas remains,
Where the gudeman aft streeks him at his ease;
A warm an canny lean for waery banes
O labourers dyolt upon the weary leas.
Round him will baudrons an the collie come,

To wag their tail, an cast a thankfu ee
To him wha kindly throws them mony a crum
O kebbuck whanged, an dainty fadge, to press;
This aw the boon they crave, an aw the fee.

Frae him the lads their mornin counsel tak –
What stacks he wants to thrash, what rigs to till;
How big a birn maun lie on Bassie's back,
For meal an muter to the thirlin mill.
Neist, the gudewife her hirelin damsels bids
Glow'r through the byre, an see the hawkies bound;
Tak tent, case Crummytak her wonted tids,
Ans ca the laigen's treasure on the ground;
Whilk spils a kebbuck nice, or yellow pound.

Then aw the house for sleep begin to grien,
Their joints to slack frae industry a while;
The leaden god faws heavy on their een,
An hafflins steeks them frae their daily toil;
The cruizy, too, can only blink an bleer,
The reistit ingle's done the maist it dow;
Tacksman an cottar eke to bed maun steer,
Upon the cod to clear their drumly pow,
Till waken'd by the dawnin's ruddy glow

The Station-Master's Dochter

(otherwise 'The Lament of Tammas Claiker, Bill-Sticker')

Anonymous

O wae's me for the station-master's dochter!
    She doesna care a preen for me, tho I wad fain hae socht her.
She cocks a purple tammie on a stook o yalla hair:
A jersey haps her shouthers, but she keeps her thrapple bare,
in a what-d'ye-caw-it – invitin ye tae tak a second luik –
a chemie, cawd a blouse, wi a snippit gushet-neuk.
Snippit, rippit, snippit,
Rippit, snippit, rippit,
A chemie, cawd a blouse, wi a snippit gushet-neuk.

Ay, see the stuck-up stockie standan there afore the wicket,
she kens she has a dainty hand for takin up your ticket.
But in the train at fowks like me she winna fling a word,
she's aye in sic a hurry nippin tickets in the third.
But I wad like tae tell her – I wad tell her gin I durst –
she's an unco time in nippin wi the billies in the first!
Nippin, clippin, nippin,
Clippin, nippin, clippin,
She's an unco time in nippin wi the billies in the first.

Aince, at the Coperative Ball, I thocht I'd hae a dance wi her,
but – set her up, the besom! – I could never get a chance wi
her,
sae I had juist tae skutch about the slippy flure and watch
her
trippin here and trippin there and skippin roun and roun,
whiles slippin intae corners wi the gentry frae the toun.
Trippin, skippin, slippin,
Slippin, skippin, trippin,
Slippin intae corners wi the gentry frae the toun.

O wae's me for the station-master's dochter!
She winna gie a luik at me – she's no the lass I thocht her.
An honest man's a worthy man, whatever be his trade;
the lass that lichtlies him for that deserves tae dee a maid.
Ye getna muckle guid, but ye get the fewer ills
in pickin up a livin, rinnin round and stickin bills.
Pickin, stickin, pickin,
Stickin, pickin, stickin.
in pickin up a livin rinnin round and stickin bills.

The Widow's Lament

Anonymous

M a LUVE built me a bonnie bouer,
An cled it aw wi lily flouer;
A brawer bouer ye neer did see –
Than ma true luve he built for me.

There cam a man by middle-day,
He spied his sport an went away;
An brocht the king at deid o nicht,
Wha brak ma bouer an slew ma knicht.

He slew ma knicht tae me sae dear
He slew ma knicht an poined his gear;
Ma servants aw for life did flee,
An left me in extremitie

A sewed his sheet, makin ma mane,
A watchit the corpse masel alane;
A watchit beside it nicht an day;
Nae leivin cratur cam that way.

A took his bodie on ma back,
An whiles A gaed an whiles A sat;
A delved a grave an laid him in,
An happit him wi the turf sae green.

But think ye nae ma hert wis sair,
Whan A laid the mools on his yellae hair?
O think na ye ma hert was wae,
Whan A turnit aboot awa tae gae.

Nae leivin man A'll loe again,
Syne that ma bonnie knicht is slain!
Wi ae lock o his yellae hair
A'll chain ma hert for evermair.

The Packman

Charles Murray

There was a couthy Packman, I kent him weel aneuch,
The simmer he was quartered within the Howe o Tough;
He sleepit in the barn end amo' the barley strae
But lang afore the milkers he was up at skreek o day,
An furth upon the cheese stane set his reekin brose to queel
While in the caller strype he gied his barkit face a sweel;
Syne wi the ell-wan in his neive to haud the tykes awa
He humpit roon the country side to clachan, craft an haw.

Upon the flaggit kitchen fleer he dumpit doon his pack,
Fu keen to turn the penny ower, but itchin aye to crack;
The ploomen gaithered fae the fur, the miller fae the mill,
The herd just gied his kye a turn an skirtit doon the hill,
The smith cam sweatin fae the fire, the weaver left his leem,
The lass forgot her comin kirn an connached aw the ream,
The cauper left his turnin lay, the sooter wasna slaw
To fling his lapstane in the neuk, the elshin, birse an aw.

The Packman spread his ferlies oot, an ilka maid an man
Cam soon on something sairly nott, but never missed till than;
He'd specs for peer auld granny when her sicht begood to fail,
An thummles, needles, preens an tape for whip-the-cat to wale,

He'd chanter reeds an fiddle strings, an trumps wi double stang,
A dream beuk at the weeda wife had hankered after lang;
He'd worsit for the samplers, an the bonniest valentines,
An brooches were in great request wi aw kirk-gangin queyns.

He'd sheafs o rare auld ballants, an an antrin swatch he sang
Fae 'Mill o Tiftie's Annie,' or 'Johnnie More the Lang,'
He would lilt you 'Hielan Hairry' till the tears ran doon his nose,
Syne dicht them wi a doonward sleeve an into 'James the Rose';
The birn that rowed his shouders tho sae panged wi things to sell
Held little to the claik he kent, an wasna laith to tell, –
A waucht o ale to slock his drooth, a pinch to clear his head,
An the news cam fae the Packman like the water doun the lade.

He kent wha got the bledder when the sooter killed his soo,
An wha it was at threw the stane at crippled Geordie's coo,
He kent afore the term cam roon what flittins we would see,
An wha'd be cried on Sunday neist, an wha would like to be,
He kent wha kissed the sweetie wife the nicht o Dancie's ball,
An what ill-trickit nickum catched the troot in Betty's wall,
He was at the feein market, an he kent aw wha were fou,
An he never spoiled a story by considrin gin twas true.

Nae plisky ever yet was played but he could place the blame,
An tell you a the story ot, wi chapter, verse an name,
He'd redd you up your kith an kin atween the Dee an Don,
Your forbears wha were hanged or jiled fae auld Culloden on,
Altho he saw your face get red he wouldna haud his tongue,
An only leuch when threatened wi a reemish fae a rung;
But aw the time the trade gaed on, an notes were rankit oot
Had lang been hod in lockit kists aneth the Sunday suit.

An faith the ablach threeve upon't, he never cried a halt
Until he bocht fae Shouder-win a hardy cleekit shalt,
An syne a spring-cart at tha roup when cadger Willie broke,
That held aneth the cannas aw that he could sell or troke;
He bocht your eggs an butter, an a wat he wasna sweer
To life the poacher's birds an bawds when keepers werena near;
Twa sizzens wi the cairt an then – his boolie rowed sae fine –
He took a roadside shoppie an put 'Merchant' on the sign.

An still he threeve an better threeve, sae fast his trade it grew
That he thirled a cripple tailor an took in a queyn to shue,
An when he got a stout guidwife he didna get her bare,
She brocht him siller o her ain at made his puckle mair,
An he lent it oot sae wisely – deil kens at what per cent –
That farmers fan the intrest near as ill to pay's the rent;
An when the bank set up a branch, the wily boddies saw
They beet to mak him Agent to hae ony chance ava.

Tho noo he wore a grauvit an a dicky thro the week
There never was a bargain gaun at he was far to seek,
He bocht the crafters stirks an caur, an when the girse was set
He aye took on a park or twa, an never rued it yet;
Till when a handy tack ran oot his offer was the best
An he dreeve his gig to kirk an fair as canty as the rest,
An when they made him Elder, wi the ladle it was gran
To see him work the waster laft an never miss a man.

He sent his sons to college, an the auldest o the three –
Tho wi a tyauve – got Greek aneuch to warsle thro's degree,
An noo aneth the soundin box he wags a godly pow;
The second loon took up the law, an better fit there's fyou

At charging sax an auchtpence, or at keepin on a plea,
An stirrin strife mang decent fouk wha left alane would gree;
The youngest ane's a doctor wi a practice in the sooth,
A clever couthy cowshus chiel some hampered wi a drooth.

The dother – he had only ane – gaed hine awa to France
To learn to sing an thoom the harp, to parley-voo an dance;
It cost a protty penny but twas siller wisely wared
For the lass made oot to marry on a strappin Deeside laird;
She wasna just a beauty, but he didna swither lang,
For he had to get her tocher or his timmer had to gang:
Sae noo she sits 'My Lady' an nae langer than the streen
I saw her wi her carriage comin postin ower Culblean.

But tho his bairns are sattled noo, he still can cast the coat
An work as hard as ever to mak saxpence o a groat;
He plans as keen for years to come as when he first began,
Forgettin he's on borrowed days an past the Bible span.
See, yon's his hoose, an there he sits; supposin we cry in,
It's cheaper drinkin toddy there than payin at the Inn,
You'll find we'll hae a shortsome nicht an baith be bidden back,
But – in your lug – ye maunna say a word aboot the Pack.

Fitba Cliché

(The Ba's No For Eatin)

Alistair Findlay

I remember being told by Big MacIntyre
tae take mair time oan the ba. Listen son, he says,
yir playing like the gress wis oan fire.
Yir blindin us a wi the stour.

This is a gemm fur men,
no boays, or weans, or jessies.
If yir good enough, yir big enough, they say, but
never listen or play tae the crowd,
an forget a yir faither's advice,
and yir great uncle Tam's an a,
wha played wi Champfleurie Violet's Cup Winning Team.
They days are a gaun, like snaw aff
a Geordie Young clearance.

Then
it wis the people's gemm,
a aboot the ba an beatin yir men,
this way then that, then swingin it ower frae the wing,
an up like a bird tae heid it awa and intae the net.
The goalie, auld as yir faither an dressed like yir grannie,
stuck in the mud like a big stranded whale – Goal!
And a hundred thousand voices sang in Hampden Park.
Ye couldnae see the sun fur bunnets.

Romantic?
Ay, and a for the glory o it.
Well, that's a shite noo son,
the ba's no for eatin oanie mair.

Time was
when ye could tell a prospect
by the way he shed his hair,
or jouked bye his relations in the scullery,
but we still believed in Empire then,
ken,
when The Wee Blue Devils buried themsels at the England end
and half o Europe, for a glory that wisnae worth haen,
oor ain, singin an deein like cattle,
brought hame not one lullaby in gaelic.

> In the room the punters come and go
> Talking of Di Stephano

On the terraces,
beneath the stand,
a poet speaks for a nation:

> the ref's a baam.

The Stane

(on the return o the stane reivit bi Edward Langshanks)

William Neill

Yon muckle aislar Langshanks took awa,
   Gin it's the richt yin doun and back again,
An no some pauchlit orra chuckie stane,
Is ti be pitten in its richtfu haa
Gin reival touns can settle things ava.
Jist whaur ti bring yon ferlie objeck ben
Seivin centaurs later, isna eith ti ken
Whit tour or pailace gets it eftir aa.

Whit fur, I ask masel, this sudden yeuk,
Ti gie back whit thay wadna gie afore?
They maun think Scots are aa saft in the heid

Wee Jockie Bell-the-cat syne baits his heuk
Ti fleitch auld Scotia thro the selsame door
Gies us the stane whan we hae speirt for breid.

Tam Lin

Old Ballad

O A forbid ye, maidens aw,
That wear gowd on yer hair,
Tae come or go by Carterhaugh
For yung Tam Lin is there.

There's nane that goes by Carterhaugh
But they leave him a wad,
Eethir their rings or green mantles,
Or else their maidenhead.

Janet has beltit her green kirtle
A little abune her knee,
An she has braidit her yellae hair
An tae Carterhaugh gaed she.

Whan she came tae Carterhaugh,
Tam Lin was at the well,
An there she fand his steed stannin,
But awa was he himsel.

She hadnae poued a double rose,
A rose but only twae,
Till up then startit yung Tam Lin,
Says, 'Lady pou nae mae.'

'Why pous tho the rose Janet?
An why braks thou the wand?
Or why comes thou tae Carterhaugh
Withooten ma command?'

Carterhaugh it is ma ain,
Ma daddie gied it tae me,
A'll come an gang by Carterhaugh,
An ask nae leave o thee.'

Janet has kiltit her green kirtle,
A little abune her knee,
An she is tae her faither's haw,
As fast as she can hie.

Fower an twenty ladies fair,
Were playin at the baw,
An oot then cam the fair Janet
Aince the flouer amang them aw.

Fower an twenty ladies fair,
were playin at the chess,
An oot then cam the fair Janet
As green as ony gress.

Oot then spak an auld grey knicht,
Lay ower the castle waa,
An says, 'Alas, Fair Janet, for thee,
But we'll be blamit aw.'

'Haud yer tung, ye auld-faced knicht,
Some ill daith may ye dee!
Faither ma bairn on whom A will,
A'll faither nane on thee.'

Oot then spak her faither dear,
An he spak meek an mild,
'An ivver alas, sweet Janet,' he says,
'A think thou gaes wi child.'

'If that A gae wi child, faither,
Mysel maun bear the blame;
There's neer a laird aboot yer haw,
Shall get ma bairnie's name.'

'If ma luve were an earthly knicht,
An as he's an elfin grey,
A wadnae gie ma ain true-luve,
For nae laird that ye hae.'

'The steed that my true-luve rides on
Is lichter than the win,
Wi siller he is shod afore,
Wi burnin gowd behin.'

Janet has kiltit her green kirtle
A liitle abune her knee
As she's awa tae Carterhaugh
As fast as she can hie

When she cam tae Carterhaugh,
Tam Lin wis at the well,
An there she fand his steed stannin,
But awa wis he himsel.

She hadnae poued a double rose,
A rose but only twae,
Till up then startit yung Tam Lin
Sayin, 'Lady, thou pous nae mae.'

'Why pous thou the rose Janet?
Amang the groves sae green,
An a to kill the bonnie babe,
That we gat us between?'

'Oh tell me, tell me, Tam Lin,' she says,
'For's sake that died on tree,
If eer ye was in holy chapel?
Or Christendom did see?'

'Roxburgh he wis ma grandfaither,
Took me wi him tae bide,
An aince it fell upon a day
That wae did me betide.

An aince it fell upon a day,
A cauld day an a snell
When we were frae the huntin cam.
That fae ma horse A fell.

Ay aince it fell upon a day
A cauld day an a snell
The Queen o Faery she catchit me
In yon green hill to dwell.

An pleasant is the fairy land,
But an eerie tale tae tell
At the end o ivvery seivin year
We pay a teind tae tell.

Ay, at the end o seivin year
We pay a teind tae hell
An A'm sae fair an fu o flesh
A fear it will be masel.

But the nicht is Halloween ma lady,
The morn is Hallowday;
Then win me, win me, an ye will,
For weel A wat ye may.

Jist at the mirk an midnicht hour,
The fairy Folk will ride,
An they that wuid their true-luve win
At Miles Cross they they maun bide.'

'But hou sall A ken thee, Tam Lin,
Or hou ma true-luve know,
Amang sae mony unco knichts,
The like A nivver saw?'

'O first let pass the black, lady,
An syne let pass the broun;
But quickly run tae the milk-white steed,
Pou ye his rider doun.

For A'll ride on the milk-white steed
An ay nearest the toun
Because A wis an earthly knicht
They gie me that renoun.

Ma richt haun will be gloved, lady
Ma left haun will be bare,
Cockit up sall ma bonnet be
An kaimit doun sall be ma hair,
An thae's the tokens A gie thee
Nae doot A sall be there.

They'll turn me in yer airms, lady,
Intae an esk an adder;
But haud me fast, an fear me no,
A am yer bairn's faither.

They'll turn me intae a bear sae grim,
An then a lion bold;
But haud me fast, an fear me no
As ye sall loe oor child.

Again they'll turn me in yer airms
Tae a reid hot gaud o iron;
But haud me fast, an fear me no
A'll dae tae ye nae hairm.

An last they'll turn me in yer airms
Intae the burnin leid;
Then throw me intae well watter
O throw me in wi speed.

An then A'll be yer ain true luve,
A'll turn a naked knicht,
Then cover me up wi yer green mantle
An cover me oot o sicht.'

Gloomy, gloomy, wis the nicht,
An eerie wis the way,
As fair Janet in her green mantle
Tae Miles Cross did gae.

Aboot the middle o the nicht
She heard the bridles ring;
This lady wis as glad at that
As ony earthly thing.

First she let the black gang by,
As syne she let the broun;
But quickly she ran tae the milk-white steed
An poued the rider doun.

Sae weel she mindit what he did say,
An yung Tam Lin did win;
Syne coverit him wi her green mantle
As blythe's a bird in spring.

Oot then spak the Queen o Fairy
Oot o a buss o broom,
'Them that has gotten yung Tam Lin
Has gotten a sturdy groom.'

Oot then spak the Queen o Fairies,
An an angry queen wis she,
'Shame betide her ill-faurit face
An an ill daith maun she dee,
For she's taen awa the fairst knicht
In aw ma companie.

But had A kennt Tam Lin,' she says,
'Whit nou this nicht A see,
A wuid hae taen oot thy twa gray een
An pit in twa een o tree.'

Oor Neibor's Pianny

David Taylor

A'm a guid-natured man, an tho sayin it masel
   Gin ye speir at the wife, the same story she'll tell,
An it taks a guid deal whyles ma patience tae try
Or tae ither fowk pleisure attempt tae deny;
But oor neibors, wae's me, a pianny hae got
An it stirs up ma bluid till it's whyles bilin hot,
For fae mornin till nicht aye upon it they thrum,
An aw that it plays is jist reetle te tum!
     Reetle te tum, reetle te tum
     They try lots o tunes, but there's no ane'll come;
     O gin A were deif, or that pianny dumb
     For it has me near daft wi its reetle te tum

At nicht ower the news A hae a bit look,
Jist eftir ma supper, by the ingle neuk,
Ma wife wi her knittin, she sits beside me,
An a mair couthie couple ye cuidnae weel see;
A read aw aboot the frontiers o Afghan
An the battles oor sodjers fecht in the Sudan,
But ma readin's sune spoilt, for wi a crash like a drum
Oor neebor's pianny plays reetle te tum
     Reetle te tum etc.

No even on Sundays fae it they'll refrain
But strum awa at it wi micht an wi main
An, tae let the soond oot, their doors open they keep –
Ay, even at nicht, when fowk shuid be asleep.
A hae borne it till nou, jist as meek as a lamb,
But A doot it will sune mak me flee tae a dram –
Eithir that, or the 'Big Hoose' near Liff, it maun come,
Gin there's no a stop sune tae the reetle te tum.
  Reetle te tum etc.

A'm real fond o music. Tae hear a guid tune
Maks ma bluid dance fae ma heid tae ma shuin;
Gin trumpet or even the bagpipes ye blaw,
I carena, gin music fae them ye can draw,
Aye, even a tin whistle A'll stand still tae hear,
For when in richt hauns it soonds tunefu an clear;
But oh! That pianny ma heid will be numb,
Gin it disnae stop tootin oot reetle te tum.
  Reetle te tum etc.

The puir organ-grinder wha plays on the street,
Tho his music is no jist melodious an sweet,
Yer brains winnae rack, jinglin aye the same thing,
For his tune he will cheenge, gin a bawbee ye fling.
An een tho he'll no fae his grindin refrain
It'll maybe be lang till ye hear him again;
But oor neibor's pianny, A fear twill ay bum
Till we're aw in the mools wi the reetle te tum.
  Reetle te tum etc.

Willie Chisholm

Brian D. Finch

O Willie's up, an Willie's out,
　An Willie is awaa.
He's aff ta see the Chevalier
An Whiggish thrapples thraw;
But Kittie sits, an Kittie knits
A muckle saffron plaid,
Wi nocht a thocht on battles focht
For King or White Cockade.

Than by an comes a reidshank, boun
For France, an fell futesair.
'O whit's the news fra out the south,
An saw ye Willie thair?'
'Our day is duin. The Whiggish guns
Blew aff our micht an main.
The Prince is up, an on the run,
But saw I Willie nane.'

O Willie's up, an Willie's out,
An Willie is awaa.
He's aff ta see the Chevalier
An Whiggish thrapples thraw;
But Kittie sits an Kittie fits
The crimson til her plaid
As, deirlie bocht, a bluidie splocht
Besmits the White Cockade.

Than by an come some horse dragoons,
Bluid-reid the coats thai wear.
'O whit's the news fra out the south,
An saw ye Willie thair?'
'The news is fine. The rebel lines
Ken grapeshot is thar bane.
We learned yon Prince a prettie dance,
But saw we Willie nane.'

O Willie's up, an Willie's out,
An Willie is awaa.
He's aff ta see the Chevalier
An Whiggish thrapples thraw;
But Kittie sits, an Kittie pits
The sable til her plaid
For thaim that thocht thar honour ocht
Thaim king the White Cockade.

Than by an comes a tinkler loun
That's buskit fine an fair.
'O whit's the news fra out the south,
An saw ye Willie thair?'
'Whan Prince parades as ladie's maid,
But dout I do disdain
Aa kings an crouns an white cockades,
An ken I Willie nane.'

O Willie's up, an Willie's out,
An Willie is awaa.
He's aff ta see the Chevalier
An Whiggish thrapples thraw;

But Kittie sits. Na mair she knits
Her muckle brechan plaid
For thinkan thichts on ane that socht
Ta king the White Cockade.

Than Kittie sits the tinkler doun
An brings sic fouth o fare
Ta stowe his wame an slock his drouth
As never wad need mair.
He tuik his fill wi sic a will
O meat an fish an grain,
He never kenned the cankert yill
Until he tuik the pain.

For Willie's doun, an Willie's out,
An Willie's shair awaa,
Thoch nocht ta see na Chevalier
Nor Whiggish thrapples thraw;
An Kittie rips an Kittie strips
The tinkler out the plaid,
The saffron sark an shuin o bark,
Whase ilka stitch she made.

A Lowden Sabbath Morn

Robert Louis Stevenson

The clinkum-clank o Sabbath bells
  Nou to the hoastin rookery swells,
Nou faintin laigh in shady dells,
Sounds far an near,
An through the simmer kintry tells
Its tale o cheer.

An nou, to that melodious play,
A deidly awn the quiet sway –
A ken their solemn holiday,
Bestial an human,
The singin lintie on the brae,
The restin plouman.

He, mair that a the lave o men,
His week completit joys to ken;
Half-dressed, he daunders out an in,
Perplext wi leisure;
An his raxt limbs he'll rax again
Wi painfu pleisure.

The steerin mither strange afit
Nou shous the bairnies but a bit;
Nou cries them ben, their Sinday suit
To scart upon them,
Or sweeties in their pouch to pit,
Wi blessin's on them.

The lasses, clean frae tap to taes,
Are busked in crunklin underclaes;
The gartered hose, the weil-filled stays,
The nakit shift,
A bleached on bonny greens for days,
An white's the drift.

An nou to face the kirkward mile:
The guidman's hat o dacent style,
The blackit shuin, we nou maun style,
As white's the miller:
A waefu peety tae, to spile
The warth o siller.

Our Marg'et, aye sae keen to crack,
Douce-stappin in the stoury track,
Her emeralt goun a kiltit back
Frae snawy coats,
White-ankled, leads the kirkward pack
Wi Dauvit Groats.

A thocht ahint, in runkled breeks,
A spiled wi lyin by for weeks,
The guidman follows close an cleiks
The sonsie missis;
His sarious face at aince bespeaks
The day that this is.

And aye an while we nearer draw
To whaur the kirkton lies alaw,
Mair neibours, comin saft an slaw
Frae here an there,
The thicker thrang the gate an caw
The stour in air.

But hark! the bells frae nearer clang;
To towst the slaw, their sides they bang;
An see! black coats aready thrang
The green kirkyaird;
And at the yett, the chestnuts sprang
That brocht the laird.

The solemn elders at the plate
Stand drinkin deep the pride o state;
The practised hands as gash an great
As Lords o Session;
The later named, a wee thing blate
In their expression.

The prentit stanes that mark the deid,
Wi lengthened lip, the sarious read;
Syne wag a moraleesin heid,
An then an there
Their hirplin practice and their creed
Try hard to square.

It's here our Merren lang has lain
A wee bewast the table-stane;
An yon's the grave o Sandy Blane;
An further ower,
The mither's brither, dacent man!
Lie a the fower.

Here the guidman sall bide awee
To dwall amang the deid; to see
Auld faces clear in fancy's ee;
Belike to hear
Auld voices fauin saft an slee
On fancy's ear.

Thus, on the day o solemn things,
The bell that in the steeple swings
To fauld a scaittered faimly rings
Its walcome screed;
An just a wee thing nearer brings
The quick an deid.

But nou the bell is ringin in;
To tak their places, folk begin;
The minister himsel will shune
Be up the gate,
Filled fu wi clavers about sin
An man's estate.

The tunes are up – French, to be shair,
The faithfu French, an twa-three mair;
The auld prezentor, hoastin sair,
Wales out the portions,
An yirks the tune into the air
Wi queer contortions.

Follow the prayer, the readin next,
An than the fisslin for the text –
The twa-three last to find it, vext
But kind o proud;
An than the peppermints are raxed,
An southernwood

For nou's the time whan pows are seen
Nid noddin like a mandareen;
When tenty mithers stap a preen
In sleepin weans;
An nearly half the parochine
Forget their pains.

There's just a waukrif twa or three:
Thrawn commentautors sweet to gree,
Weans glowrin at the bumlin bee
On windie-glasses,
Or lands that tak a keek a-glee
At sonsie lasses.

Himsel, meanwhile, frae whar he cocks
An bobs belaw the soundin-box,
The treisures of his words unlocks
Wi prodigality,
An deals some unco dingin knocks
To infidality.

Wi sappy unction, hou he burks
The hopes o men that trust in works,
Expounds the fauts o ither kirks,
An shaws the best o them.
No muckle better than mere Turks,
When a's confessed o them.

Bethankit! what a bonny creed!
What mair would ony Christian need? –
The braw words rummle ower his heid,
Nor steer the sleeper;
And in their restin graves, the deid
Sleep aye the deeper.

Drinkin Drams

(The Tippler's Progress)

George Outram

He ance was holy,
An melancholy,
Till he found the folly
O singin psalms.
He's now as red's a rose,
An there's pimples on his nose,
An in size it daily grows
By drinkin drams.

He ance was weak,
An couldna eat a steak
Without gettin sick
An takin qualms;
But now he can eat
At ony kind o meat,
For he's got an appeteet
By drinkin drams.

He ance was thin,
Wi a nose like a pen,
An haunds like a hen,
An nae hams;
But now he's round an tight,
An a deevil o a wight,
For he got himsel put right
By drinkin drams.

He ance was saft as dirt,
An as pale as ony shirt,
An as useless as a cart
Without the trams;
But now he'd face the deil,
Or swallow Jonah's whale –
He's as gleg's a puddock's tail
Wi drinkin drams.

Oh! pale, pale was his hue,
An cauld, cauld was his brou,
An he grumbled like a ewe
Mang libbit rams;
But now his brou is bricht,
An his een are orbs o licht,
An his nose is just a sicht
Wi drinkin drams.

He studied mathematics,
Logic, ethics, hydrostatics,
Till he needed diuretics,
To lowse his dams;
But nou, without a lee,
He could mak anither sea,
For he's left philosophy

An taen to drams.
He found that learnin, fame,
Gas, telegraphs, an steam,
Logic, loyalty, gude name,
Were aw mere shams;
That the source o joy below
An the antidote to woe,
An the only proper go
Was drinkin drams.

It's true that we can see
Auld Nick, wi gloatin ee,
Just waitin till he dee
Mid frichts an dwams;
But what's Auld Nick to him,
Or palsied tongue or limb,
Wi glass filled to the brim
When drinkin drams!

Allison Gross

Old Ballad

O Allison Gross that lives in yon touer,
The ugliest witch in the north countrie
Has trystit wi me ae day up till her bouer
An monie fair speech she made tae me.

She strokit ma heid, an she kaimit ma hair,
An she set me doun saftly on her knee;
Sayin, 'Gin ye will be ma leeman sae true,
Sae monie braw things as A wuid ye gie.'

She showit me a mantle o red scarlet,
Wi gowden flouers an fringes fine;
Sayin, 'Gin ye will be ma leeman sae true,
This guidlie gift it sall be thine.'

'Aa, awa ye ugly witch.
Haud far awa, an lat me be,
A neer will be yer leeman sae true
An A wish A were oot o yer company.

She neist brocht a sark o the saftest silk,
Weel wrocht wi pearls aboot the ban;
Sayin, 'Gin ye will be ma ain true luve,
This goodlie gift ye sall command.'

She showit me a cup o the guid red gowd,
Weel set wi jewels sae fair tae see;
Sayin, 'Gin ye will be ma leeman sae true,
This goodlie gift I will ye gie.'

'Awa, awa ye ugly witch,
Haud far awa an lat me be,
For A wuidnae aince kiss yer ugly mou
For aw the gifts that ye cuid gie.'

She's turnt her richt haun roun aboot,
An thrice she blew on a gress-green horn,
An swear by the meen an the stars abeen,
That she'd gar me rue the day A wis born.

Then oot she's drawn a siller wand,
An she's turnt hersel three times roun an roun;
She's mutterit sic wards till ma strength it failit,
An A fell doun senseless upon the grun.

She's turnit me intae an ugly worm,
An gart me roddle aboot the tree;
An ay, on ilka Setterday nicht
Ma sister Maisry cam tae me.

Wi siller basin an siller kaim,
Tae kaim ma heid upon her knee;
But had A kissit her ugly mou,
A'd raither hae toddlit aboot thon tree.

But as it fell oot on last Halloween,
When the seely coort was ridin by,
The queen lichtit doun on a gowany bank,
Not far frae the tree where A wont tae lye.

She took me up in her milk-white haun,
As she's strokit me three times ower her knee;
She changit me again tae ma ain proper shape,
An A nae mair maun toddle aboot the tree.

The Unfortunate Clown

Anonymous

There aince wis a clown in a stead
  Whit think ye but he'd hae a wifie
Tae manage his meal an his breid
For his siller it wisnae sae rifey.
A laird o the neist barn-toun,
Had dochters an siller a-plenty
Thinks he, gif the nest nae be flown
Rejoice for ma chance sall be dainty.

He pits on his braw plaidin trews
An scrapes aff his beard wi a whittle,
Slips on the best o his blues
An rubs up his bunnet fu muckle.
He taks the wide-teetht stable kame
An gies his roch heid a bit clautie
He maist tore the hide frae the bane,
For O, it wis terrible tautie.

His heid piece puts on abune aw
His cheeks in a cog fu o watter,
Thinks he, 'A'm richt bonny an braw,
An A'm shair o the lass an her tocher.'
A staff in his haun, faddam lang,
A knock o't richt sair wuid bruise ye;
He liltit awa an he sang,
'Noo A'm shair that she cannae refuse me'

Arrived at the gentleman's door
No kennin the weys o the gentry,
He leant aw his wecht till't an mair
An fell wi a blad in the entry.
The dochters an servants cam ben,
Tae wunder an gaze upon Johnny,
He fixes his ee on Miss Jean
For O but she wis wondrous bonny.

Miss Jeany, tae haud up the joke,
She oxtert him ben tae her chaumer,
An o hou he stuttert an spoke,
An he tellt her,' Ye shine jist like an amer.'
Quo he, 'Lass ma errand tae you
Is tae mak ye a kin o half marrow,
Tae wait on ma hoosie, ma doo,
Whan A'm at the pleuch or the harrow.

A've nae less than twa pair o stools,
A fitgang, a ben an an aumry,
A bink for oor bickers an bowls
Faith A brak them richt aft whan A'm angry.
A've likewise twa guid horn spoons,
A flesh fork, a pat an a ladle
A girdle for toastin oor scones,
Baith pokers an tangs, an a paddle.

Ye'll get parritch an milk i the mornin,
An butter an cheese tae yer denner,
The same again nichts for yer cornin,

Ye'll growe buxom like auld lucky Genner.
For a've thretty pouns Scots ilka year,
Twa pecks o guidmeal an a sixpence
Come in ilka Setterday clear,
Sent me doun bye frae auld Andra Dickson's.

Besides A've a sonsie milk-coo,
Aw thae things'll aye haud us breathin,
Twa pigs an a dainty-bred soo,
They'll get a their grazin for naethin.
Sae tell me that ye're comin hame,
An dinnae appear in a swither,
For gin ye'll no tak me, ma dame,
A'm jist gaein ower tae anither.

'Dear Johnny,' said she wi a smile,
'A cannae accept o yer offer,
Ane heicher nor ye maun beguile
Ere ma faither will pairt wi ma tocher.
Gin A were tae gie ma consent,
A wuid merit ma faither's displeasure,
Sae Johnny, lad, jist be content
At losin this beautiful traisure.'

Her faither this while at the door,
Lap in wi an angry complexion,
An fegs hou he cursit an he swore
He wuid brat him, an bruise him, an vex him.
Poor Johnny maist coupit the creels
Tae get awa aff in a hurry,
They houndit the dugs at his heels
An then wis sic scurry an worry.

They hootit, they peltit him sair,
As ower the lea rigs he stumlet;
An jist as he cuidnae rin mair,
In the dyke-sheuch heid foremaist he tumlet.
In the dirt thus he landit at last,
An his bran new plaid trews met their ruin;
Hou an how he got hame he neer said
But he swore he'd nae mair gang wooin!

The Getherin o the Bawbees

Gilbert Rae

Y ae ee is on the shinin plate,
  The tither sees ye in;
This guairdian o the kirk's estate
Is naither deef nor blin.
Some get a bow as in they rowe,
Some get a nod – nae mair:
It's spotted, an it's noted
Hoo much ye've bankit there.

Drumsheugh comes on wi manly stride –
Weel worth a braw half-croon –
A wife, fower bairnies by his side,
An claps a bawbee doon.
The saintly pow it willna bow,
Drumsheugh, bairns, wife, an aw,
Are spotted, an they're noted,
An damit in a raw.

But here he comes – an watch ye noo,
The coontenance owerspread,
Wi girnin glee an noddin broo,
The laird is gently led
Into his sait – gowd's in the plate
What maitter for his sin:
He's spotted, an he's noted,
An gledly welcomed in.

Ay, ay, Drumsheugh, ye're no avaw,
Although ye pey yer due,
An cleed yer wee bit bairnies braw,
Kirk-grace is no for you.
Man, clap ye doon a braw half-croon,
Aneth that saintly ee,
An spotted, an kirk noted,
An elder ye will be.

Halloween

Robert Burns

U pon that night, when fairies light
On Cassilis Downans dance,
Or owre the lays, in splendid blaze,
On sprightly coursers prance;
Or for Colean the rout is taen,
Beneath the moon's pale beams;
There, up the Cove, to stray an rove,
Amang the rocks and streams
To sport that night;

Amang the bonie windin banks,
Where Doon rins, wimplin, clear;
Where Bruce ance rul'd the martial ranks,
An shook his Carrick spear;
Some merry, friendly, countra-folks
Together did convene,
To burn their nits, an pou their stocks,
An haud their Halloween
Fu blythe that night.

The lasses feat, an cleanly neat,
Mair braw than when they're fine;
Their faces blythe, fu sweetly kythe,
Hearts leal, an warm, an kin:
The lads sae trig, wi wooer-babs
Weel-knotted on their garten;

Some unco blate, an some wi gabs
Gar lasses' hearts gang startin
Whiles fast at night.

Then, first an foremost, thro the kail,
Their stocks maun a be sought ance;

They steek their een, and grape an wale
For muckle anes, an straught anes.
Poor hav'rel Will fell aff the drift,
An wandered thro the bow-kail,
An pou't for want o better shift
A runt was like a sow-tail
Sae bow't that night.

Then, straught or crooked, yird or nane,
They roar an cry a throu'ther;
The vera wee-things, toddlin, rin,
Wi stocks out owre their shouther:
An gif the custock's sweet or sour,
Wi joctelegs they taste them;
Syne coziely, aboon the door,
Wi cannie care, they've plac'd them
To lye that night.

The lassies staw frae mang them a,
To pou their stalks o corn;
But Rab slips out, an jinks about,
Behint the muckle thorn:
He grippit Nelly hard and fast:
Loud skirl'd a the lasses;

But her tap-pickle maist was lost,
Whan kittlin in the fause-house
Wi him that night.

The auld guid-wife's weel-hoordit nits
Are round an round divided,
An mony lads' an lasses' fates
Are there that night decided:
Some kindle couthie side by side,
And burn thegither trimly;
Some start awa wi saucy pride,
An jump out owre the chimlie
Fu high that night.

Jean slips in twa, wi tentie ee;
Wha twas, she wadna tell;
But this is Jock, an this is me,
She says in to hersel:
He bleez'd owre her, an she owre him,
As they wad never mair part:
Till fuff! he started up the lum,
An Jean had een a sair heart
To see't that night.

Poor Willie, wi his bow-kail runt,
Was brunt wi primsie Mallie;
An Mary, nae doubt, took the drunt,
To be compar'd to Willie:
Mall's nit lap out, wi pridefu fling,
An her ain fit, it brunt it;
While Willie lap, and swore by jing,
Twas just the way he wanted
To be that night.

Nell had the fause-house in her min,
She pits hersel an Rob in;
In lovin bleeze they sweetly join,
Till white in ase they're sobbin:
Nell's heart was dancin at the view;
She whisper'd Rob to leuk for't:
Rob, stownlins, prie'd her bonie mou,
Fu cozie in the neuk for't,
Unseen that night.

But Merran sat behint their backs,
Her thoughts on Andrew Bell:
She lea'es them gashin at their cracks,
An slips out-by hersel;
She thro the yard the nearest taks,
An for the kiln she goes then,
An darklins grapit for the bauks,
An in the blue-clue throws then,
Right fear't that night.

An ay she win't, an ay she swat –
I wat she made nae jaukin;
Till something held within the pat,
Good Lord! but she was quaukin!
But whether twas the deil himsel,
Or whether twas a bauk-en,
Or whether it was Andrew Bell,
She did na wait on talkin
To spier that night.

Wee Jenny to her graunie says,
'Will ye go wi me, graunie?

I'll eat the apple at the glass,
I gat frae uncle Johnie':
She fuff't her pipe wi sic a lunt,
In wrath she was sae vap'rin,
She notic't na an aizle brunt
Her braw, new, worset apron
Out thro that night.

'Ye little skelpie-limmer's face!
I daur you try sic sportin,
As seek the foul thief ony place,
For him to spae your fortune:
Nae doubt but ye may get a sight!
Great cause ye hae to fear it;
For mony a ane has gotten a fright,
An liv'd an died deleerit,
On sic a night.'

'Ae hairst afore the Sherra-moor,
I mind't as weel's yestreen –
I was a gilpey then,
I'm sure I was na past fyfteen:
The simmer had been cauld an wat,
An stuff was unco green;
An eye a rantin kirn we gat,
An just on Halloween
It fell that night.'

'Our stibble-rig was Rab M'Graen,
A clever, sturdy fallow;
His sin gat Eppie Sim wi wean,
That lived in Achmacalla:

He gat hemp-seed, I mind it weel,
An he made unco light o't;
But mony a day was by himsel,
He was sae sairly frighted
That vera night.'

Then up gat fechtin Jamie Fleck,
An he swoor by his conscience,
That he could saw hemp-seed a peck;
For it was a but nonsense:
The auld guidman raught down the pock,
An out a handfu gied him;
Syne bad him slip frae 'mang the folk,
Sometime when nae ane see'd him,
An try't that night.

He marches thro amang the stacks,
Tho he was something sturtin;
The graip he for a harrow taks,
An haurls at his curpin:
An ev'ry now an then, he says,
'Hemp-seed I saw thee,
An her that is to be my lass
Come after me, an draw thee
As fast this night.'

He wistl'd up Lord Lennox' March
To keep his courage cherry;
Altho his hair began to arch,
He was sae fley'd an eerie:
Till presently he hears a squeak,
An then a grane an gruntle;

He by his shouther gae a keek,
An tumbled wi a wintle
Out-owre that night.

He roar'd a horrid murder-shout,
In dreadfu desperation!
An young an auld come rinnin out,
An hear the sad narration:
He swoor twas hilchin Jean M'Craw,
Or crouchie Merran Humphie –
Till stop! she trotted thro them a;
And wha was it but grumphie
Asteer that night!

Meg fain wad to the barn gaen,
To winn three wechts o naething;
But for to meet the deil her lane,
She pat but little faith in:
She gies the herd a pickle nits,
An twa red cheekit apples,
To watch, while for the barn she sets,
In hopes to see Tam Kipples
That vera night.

She turns the key wi cannie thraw,
An owre the threshold ventures;
But first on Sawnie gies a ca,
Syne baudly in she enters:
A ratton rattl'd up the wa,
An she cry'd Lord preserve her!
An ran thro midden-hole an a,
An pray'd wi zeal and fervour,
Fu fast that night.

They hoy't out Will, wi sair advice;
They hecht him some fine braw ane;
It chanc'd the stack he faddom't thrice
Was timmer-propt for thrawin:
He taks a swirlie auld moss-oak
For some black, grousome carlin;
An loot a winze, an drew a stroke,
Till skin in blypes cam haurlin
Aff's nieves that night.

A wanton widow Leezie was,
As cantie as a kittlen;
But och! that night, amang the shaws,
She gat a fearfu settlin!
She thro the whins, an by the cairn,
An owre the hill gaed scrievin;
Whare three lairds' lan's met at a burn,
To dip her left sark-sleeve in,
Was bent that night.

Whiles owre a linn the burnie plays,
As thro the glen it wimpl't;
Whiles round a rocky scar it strays,
Whiles in a wiel it dimpl't;
Whiles glitter'd to the nightly rays,
Wi bickerin, dancin dazzle;
Whiles cookit undeneath the braes,
Below the spreadin hazel
Unseen that night.

Amang the brackens, on the brae,
Between her an the moon,
The deil, or else an outler quey,
Gat up an gae a croon:
Poor Leezie's heart maist lap the hool;
Near lav'rock-height she jumpit,
But mist a fit, an in the pool
Out-owre the lugs she plumpit,
Wi a plunge that night.

In order, on the clean hearth-stane,
The luggies three are ranged;
An ev'ry time great care is taen
To see them duly changed:
Auld uncle John, wha wedlock's joys
Sin Mar's-year did desire,
Because he gat the toom dish thrice,
He heav'd them on the fire
In wrath that night.

Wi merry sangs, an friendly cracks,
I wat they did na weary;
And unco tales, an funnie jokes –
Their sports were cheap an cheery:
Till butter'd sowens, wi fragrant lunt,
Set a their gabs a-steerin;
Syne, wi a social glass o strunt,
They parted aff careerin
Fu blythe that night.

Waitin on the Glesca Train

Andrew Lang

When the holidays come roun,
    And on pleasure ye are boun,
For the Trossachs, Brig o Allan or Dunblane;
You'll be sometimes keepit waitin,
When ye hear the porter statin.
That ye're waitin on the Glesca train.

Tak yer time – tak yer time,
With indifference sublime,
Ye may watch the people hurry micht an main;
Just tak a seat an wait,
For ye canna be ower late,
When ye're waitin on the Glesca train.

It's attendit wi expense;
For a lad o ony sense,
If it's het or cauld or looks like rain,
The interval maun fill
Wi a mutchkin or a gill,
When he's waitin for the Glesca train.
Tak yer time, etc.

There's a frien o mine, Mackay,
Constitutionally dry,
Thocht that he had just got time to tak a dram,
But he somehow lost his way,
An he's no foun to this day,
Aw wi waitin' on the Glesca train.
Tak yer time, etc.

I was ettlin at Kinross,
Where the trains is kin o cross,
And Bradshaw's no that easy to explain;
And what was left o me
Was jist coupit at Dundee,
Aw wi waitin on the Glesca train.
Tak yer time, etc.

But the ploy has merit whiles,
For a sonsie lassie's smiles
Had entrappit aince ma frein Maclean;
But Maclean he clean got off it,
For the lass was lost at Moffat,
Aw wi waitin on the Glesca train.
Tak yer time, etc.

There's occasions when I think
That the interests o drink
Is a notion that Directors entertain;
And that's maybe why ye're waitin,
When ye hear the porter statin,
That ye're waitin on the Glesca train.
Tak yer time, etc.

Johnnie Dowie's Ale

(Johnnie Dowie wis a weel-kennt Edinburgh innkeeper in the time o Burns.)

Anonymous

Aw ye wha wis, on eenins lang,
Tae meet an crack, an sing a sang,
An weet yer pipes, for little wrang
Tae purse or person
Tae sere Johnnie Dowie's gang,
There thrum a verse on.

Oh! Dowie's Ale, thou art the thing
That gars us crack, an gars us sing
Cast by oor cares, oor wants aw fling
Frae us wi anger;
Thou een makst passion tak the wing
Or thou wilt bang her.

Hou blest is he wha has a groat
Tae spare upon the cheerin pot;
He may look blythe as onie Scot
That eer wis born;
Gies aw the like, but wi a coat
An guid fine scorn.

But thinkna that strang ale alone,
Is aw that's kep by Dainty John;
Naw, naw, for in the place there's none,
Frae end tae end,
For mait can set better ye on
Than can yer friend.

Wi looks as mild as mild cin be,
An smudgin lauch, wi winkin ee;
An lowly bow doun tae his knee,
He'll say fell douce,
'Whe, gentleman, bide till A see
What's i the hoose.'

'Anither bow, Deed, gif ye please,
Ye can get a bit toastit cheese,
A crum o tripe, ham, dish o pease,
(The season fittin);
An egg, or caller frae the seas,
A fleuk or whitin.'

'A nice beef-steak, or ye may get
A guid bufft herrin, reistit skate
An ingins, an (tho past its date)
A cut o veal;
Ha. Ha, it's no that unco late,
A'll dae it weil.'

O, Geordie Robertson, dreich loun,
An Antiquarian Paton soun;
Wi monie ithers i the toun,
Whit wuid come ower ye,
Gif Johnnie Dowie shuid stap doun
Tae the grave afore ye?

Ye shair wuid brak yer hairts wi grief,
An in strang ale find nae relief,
Were ye tae lose yer Dowie – chief
O bottle keepers;
Three year at least now, tae be brief
Ye'd gang wi weepers.

But Guid forbid, for yer sakes aw
That sic a usefu man shuid faw;
For freins o mine, between us twa,
Richt in yer lug,
Ye'd lose a howff, baith warm an braw
An unco snug.

Then, pray for's health this monie a year,
Fresh three an a hapenny, best o cheer –
That can (tho dull) ye brawly cheer –
Recant ye weel up;
An gar ye a forget yer wear
Yer sorrows seal up.

Tibbie Fowler

Anonymous

Tibbie fowler o the glen,
  There's ower mony wooin at her;
Tibbie Fowler o the glen,
There's ower mony wooin at her.

Wooin at her, puin at her,
Courtin her, and canna get her;
Filthy elf, it's for her pelf
That aw the lads are wooin at her.

Ten cam east an ten cam west,
Ten cam rowin ower the water
Twa cam doun the lang dyke-side:
There's twa-an thirty wooin at her

There's seiven but, an seiven ben,
seiven in the pantry wi her,
Twenty heid about the door;
There's ane an forty wooin at her.

She's got pendles in her lugs,
cockle-shells wad set her better!
High-heelt shoon and siller tags,
And aw the lads are wooin at her.

Be a lassie eer sae black,
Gin she hae the name o siller,
Set upon Tintock tap,
The wind will blaw a man til her.

Be a lassie eer sae fair,
An she want the penny siller,
A flie may fell her in the air
Before a man be even'd till her.

The Lum Hat wantin the Croun

David Rorie

The burn was big wi spate,
　An there cam tumblin doun
Tapsalteerie the half o a gate,
An auld fish hake, an a great muckle skate,
An a lum hat wantin the croun.

The auld wife stood on the bank,
As they gaed swirlin roun,
She took a gude look, and syne, says she,
'There's food an there's firin gaun to the sea,
An a lum hat wantin the croun.'

So she gruppit the branch o a saugh,
An she kickit aff ane o her shoun,
An she stuck oot her fit, but it caught in the gate,
An awa she went wi the great muckle skate,
An the lum hat wantin the croun.

She floated fu mony a mile,
Past cottage and village and toun,
She'd an awfu time astride o the gate,
Though it seemed to gree fine wi the great muckle skate,
An the lum hat wantin the croun.

A fisher was walkin the deck,
By the licht o his pipe and the moon,
When he sees an auld body astride o the gate,
Come bobbin alang in the waves wi a skate,
An a lum hat wantin the croun.

'There's a man overboard,' cries he;
'Ye leear,' quo she, 'I'll droun.
A man on a board? It's a wife on a gate,
It's auld Mistress Mackintosh here wi a skate
An a lum hat wantin the croun.'

Was she nippit to death at the Pole?
Has India bakit her broun?
I canna tell that, but whatever her fate,
I'll wager ye'll find it was shared by a gate,
An a lum hat wantin the croun.

There's a moral attached to my song,
On greed ye should aye gie a froun,
When ye think o the wife that was lost for a gate,
An auld fish hake an a great muckle skate
An a lum hat wantin the croun.

Robin Tamson's Smiddy

Alexander Rodger

My mither ment my auld breeks,
An wow! but they were duddy,
And sent me to get Mally shod
At Robin Tamson's smiddy;
The smiddy stands beside the burn
That wimples through the clachan.
I never yet gae by the door,
But aye I faw a-lauchin.

For Robin was a walthy carle
An had ae bonnie dochter,
Yet neer wad let her tak a man,
Tho mony lads had socht her;
But what think ye o ma exploit?
The time our mare was shoein,
I slippit up beside the lass,
And briskly fell a-wooin.

An aye she eed my auld breeks,
The time that we sat crackin,
Quo I, 'My lass, neer mind the clouts,
I've new anes for the makkin;
But gin ye'll just come hame wi me,
An lea the carle your father,
Ye'se get my breeks to keep in trim,
Mysel, an aw thegither'.

'Deed lad' quo she, 'your offer's fair,
I really think I'll tak it.
Sae, gang awa, get out the mare,
We'll baith slip on the back o't:
For gin I wait my faither's time,
I'll wait till I be fifty;
But na! – I'll marry in my prime,
An mak a wife most thrifty.'

Wow! Robin was an angry man,
At tyning o his dochter:
Thro aw the kintra-side he ran,
An far an near he socht her;
But when he cam to oor fire-end,
An fand us baith thegither,
Quo I 'Gudeman, I've taen your bairn,
An ye may tak my mither.'

Auld Robin girn'd an sheuk his pow.
'Guid sooth!' quo he, 'ye're merry;
but I'll just tak ye at your word,
An end this hurry-burry.'
So Robin an oor auld wife
Agreed to creep thegither;
Now, I hae Robin Tamson's pet,
An Robin has my mither.

History – Wha's Story?

Stuart McHardy

It's gone on ower lang quine,
it's gone on ower lang,
that aye we're squeezed
an fed wi lees
it's gone on ower lang.

The time haes come for cheenge, loun,
the time haes come for cheenge,
tae hae the say
in whit's tae dae
the time haes come for cheenge.

We've lookit in the gless ower often
an damned oorsels tae hell
sayin the auld cry o 'Wha's like us?'
is jist a tollin knell,
jist a stane aroun oor necks,
ower kailyaird, ower couthy
an jist an excuse for maudlin sang
tae the doitit an the drouthy.

Well, mebbe aye an mebbe no
it's no jist a simple matter
for Scotland's no a single sang
nor a dream frae ower the watter;
for far ower lang we've haud tae look

at oorsels as ithers see us
speirin oor roots fae ithers' beuks
an little there tae plaise us.
D'ye think we hae nae past ava
in this auld an skeely nation
are we in truth at the back o the haa
a peripheral laichly station?

Weel tak a look aroun this laun
an think on whit's pit doon
fore Egypt rose waes Calanais
no biggit til the mune?
An the fowk wha bade roun Clava
they kennt a thing or twa
did they no lift thon wondrous stanes
lang afore auld Homer's caw?
An a the pouer o Roman micht,
oor neebors sae revere,
cuid tak the Alps, the Pyrenees,
but they cuidnae conquer here.

Christianity near but died
alow the Roman haun
while Culdees flourisht mang the fowk
wha lived here, in this laun,
an independent thinkin kirk
that nivver follaed Rome
they made their weys jist for theirsels
an for theirsels alone;
but history beuks are written

wi the winner's frame o mind
an whan the Culdees passt awa
their story near was tined.

Noo dinnae tak tae thinkin
jist Romans wear the blame,
nae man can tell the bonnie beuks
fed Reformations' flame,
'If it's no oors it's Papist'
came their fanatic spule
an hoo muckle guid Scots traisure
then, vanisht in the mools?

An in atween were ithers
like the Hammer o the Scots
wha brunt up ilka pairchment
or beuk his minions brocht,
for weel he kennt, did Langshanks
that oniethin they fund,
wuid likely pruive he had nae claim
tae Scotland's holy grund;
an later yet a Scots born king
Mary's vauntin son,
turnt aw his hate upo the Gaels
an the leein cairriet on.

Fir Jamie in his London hoose
turnt his back on hame
Willie Shakespeare claucht his mood
an flytit Macbeth's name.
Aye Fionnlaidhs' son wis a guid king

gin sic a chiel can be,
an the richtfu croun o Alba
waes his fae sea tae sea;
aye he waes king o Pict an Scot
heir tae an auld, auld sang
but Holinshed in England
he tellt the story wrang.
An Jamie didnae want tae ken
auld Scotland's pedigree
nou he had a bigger stage
an waes happier wi a lee.

The history we're gien here
is wattert dun an thin
at schuil we learn o Romans,
but little o oor kin,
an cappin aw there's beukmen
wha tell o maitters Celtic
the Irish, Welsh an Bretons
but whit o Scot an Pict?
Hou come they rarely study
the last o thon ancient race
the warrior Gaels, wha's Hielands
waes their last livin place?
It's an oorie sort o blindness
that maks them look awa
frae the hairt o thing they're seekin
the truth at the back o us aw.

The last o yon kin wha lived here
in this fair yet fractured laun

tho history has serrd us ill
still we maun mak a staun;
for there's mair nor eneuch tae stairt wi
hidden amang the stour
o fause-made beuks an snurled lees
that bolster distant pouer.

Fir there's nane ava quite like us
an why for shuid there be?
Aw ither fowk are like theirsels
an no quite like ye an me;
an the ae thing that unites us
aw the fowk, ilk quine, ilk man
is oor different weys o singin
the love for oor ain launs.

Sae think on whaur ye come frae
think on whaur ye cam
oor Scottish sang's
been liltin lang
think on whaur ye cam.

The time has come for cheenge bairn
the time haes come for cheenge
stand up strecht
ye hae the recht
today's the day for cheenge.

Some other books published by **LUATH** PRESS

POETRY

Poems to be read aloud
Collected and with an introduction by
Tom Atkinson
ISBN 0 946487 00 6 PBK £5.00

Blind Harry's Wallace
William Hamilton of Gilbertfield
introduced by Elspeth King
ISBN 0 946487 43 X HBK £15.00
ISBN 0 946487 33 2 PBK £8.99

Men & Beasts
Valerie Gillies amd Rebecca Marr
ISBN 0 946487 92 8 PBK £15.00

The Luath Burns Companion
John Cairney
ISBN 1 84282 000 1 PBK £10.00

'Nothing but Heather!'
Gerry Cambridge
ISBN 0 946487 49 9 PBK £15.00

FICTION

But n Ben A-Go-Go
Matthew Fitt
ISBN 0 946487 82 0 HBK £10.99

Grave Robbers
Robin Mitchell
ISBN 0 946487 72 3 PBK £7.99

The Bannockburn Years
William Scott
ISBN 0 946487 34 0 PBK £7.95

The Great Melnikov
Hugh MacLachlan
ISBN 0 946487 42 1 PBK £7.95

FOLKLORE

Scotland: Myth Legend & Folklore
Stuart McHardy
ISBN 0 946487 69 3 PBK £7.99

The Supernatural Highlands
Francis Thompson
ISBN 0 946487 31 6 PBK £8.99

Tall Tales from an Island
Peter Macnab
ISBN 0 946487 07 3 PBK £8.99

Tales from the North Coast
Alan Temperley
ISBN 0 946487 18 9 PBK £8.99

ON THE TRAIL OF

On the Trail of John Muir
Cherry Good
ISBN 0 946487 62 6 PBK £7.99

On the Trail of Mary Queen of Scots
J. Keith Cheetham
ISBN 0 946487 50 2 PBK £7.99

On the Trail of William Wallace
David R. Ross
ISBN 0 946487 47 2 PBK £7.99

On the Trail of Robert Burns
John Cairney
ISBN 0 946487 51 0 PBK £7.99

On the Trail of Bonnie Prince Charlie
David R. Ross
ISBN 0 946487 68 5 PBK £7.99

On the Trail of Queen Victoria in the Highlands
Ian R. Mitchell
ISBN 0 946487 79 0 PBK £7.99

On the Trail of Robert the Bruce
David R. Ross
ISBN 0 946487 52 9 PBK £7.99

On the Trail of Robert Service
GW Lockhart
ISBN 0 946487 24 3 PBK £7.99

LUATH GUIDES TO SCOTLAND

Mull and Iona: Highways and Byways
Peter Macnab
ISBN 0 946487 58 8 PBK £4.95

South West Scotland
Tom Atkinson
ISBN 0 946487 04 9 PBK £4.95

The West Highlands: The Lonely Lands
Tom Atkinson
ISBN 0 946487 56 1 PBK £4.95

The Northern Highlands: The Empty Lands
Tom Atkinson
ISBN 0 946487 55 3 PBK £4.95

The North West Highlands: Roads to the Isles
Tom Atkinson
ISBN 0 946487 54 5 PBK £4.95

WALK WITH LUATH

Mountain Days & Bothy Nights
Dave Brown and Ian Mitchell
ISBN 0 946487 15 4 PBK £7.50

The Joy of Hillwalking
Ralph Storer
ISBN 0 946487 28 6 PBK £7.50

Scotland's Mountains before the Mountaineers
Ian Mitchell
ISBN 0 946487 39 1 PBK £9.99

LUATH WALKING GUIDES

Walks in the Cairngorms
Ernest Cross
ISBN 0 946487 09 X PBK £4.95

Short Walks in the Cairngorms
Ernest Cross
ISBN 0 946487 23 5 PBK £4.95

NEW SCOTLAND

Some Assembly Required: behind the scenes at the rebirth of the Scottish Parliament
Andy Wightman
ISBN 0 946487 84 7 PBK £7.99

Scotland - Land and Power the agenda for land reform
Andy Wightman
ISBN 0 946487 70 7 PBK £5.00

Old Scotland New Scotland
Jeff Fallow
ISBN 0 946487 40 5 PBK £6.99

Notes from the North Incorporating a Brief History of the Scots and the English
Emma Wood
ISBN 0 946487 46 4 PBK £8.99

HISTORY

Reportage Scotland: History in the Making
Louise Yeoman
ISBN 0 946487 61 8 PBK £9.99

Edinburgh's Historic Mile
Duncan Priddle
ISBN 0 946487 97 9 PBK £2.99

SOCIAL HISTORY

Shale Voices
Alistair Findlay
foreword by Tam Dalyell MP
ISBN 0 946487 63 4 PBK £10.99
ISBN 0 946487 78 2 HBK £17.99

Crofting Years
Francis Thompson
ISBN 0 946487 06 5 PBK £6.95

A Word for Scotland
Jack Campbell
foreword by Magnus Magnusson
ISBN 0 946487 48 0 PBK £12.99

BIOGRAPHY

Tobermory Teuchter: A first-hand account of life on Mull in the early years of the 20th century
Peter Macnab
ISBN 0 946487 41 3 PBK £7.99

The Last Lighthouse
Sharma Kraustopf
ISBN 0 946487 96 0 PBK £7.99

Bare Feet and Tackety Boots
Archie Cameron
ISBN 0 946487 17 0 PBK £7.95

Come Dungeons Dark
John Taylor Caldwell
ISBN 0 946487 19 7 PBK £6.95

MUSIC AND DANCE

Highland Balls and Village Halls
GW Lockhart
ISBN 0 946487 12 X PBK £6.95

Fiddles & Folk: A celebration of the re-emergence of Scotland's musical heritage
GW Lockhart
ISBN 0 946487 38 3 PBK £7.95

FOOD AND DRINK

Edinburgh & Leith Pub Guide
Stuart McHardy
ISBN 0 946487 80 4 PBK £4.99

SPORT

Over the Top with the Tartan Army (Active Service 1992-97)
Andrew McArthur
ISBN 0 946487 45 6 PBK £7.99

Ski & Snowboard Scotland
Hilary Parke
ISBN 0 946487 35 9 PBK £6.99

Pilgrims in the Rough: St Andrews beyond the 19th hole
Michael Tobert
ISBN 0 946487 74 X PBK £7.99

CARTOONS

Broomie Law
Cinders McLeod
ISBN 0 946487 99 5 PBK £4.00

Luath Press Limited
committed to publishing well written books worth reading

LUATH PRESS takes its name from Robert Burns, whose little collie Luath (*Gael.*, swift or nimble) tripped up Jean Armour at a wedding and gave him the chance to speak to the woman who was to be his wife and the abiding love of his life. Burns called one of *The Twa Dogs* Luath after Cuchullin's hunting dog in *Ossian's Fingal*. Luath Press grew up in the heart of Burns country, and now resides a few steps up the road from Burns' first lodgings in Edinburgh's Royal Mile.

Luath offers you distinctive writing with a hint of unexpected pleasures.

Most UK and US bookshops either carry our books in stock or can order them for you. To order direct from us, please send a £sterling cheque, postal order, international money order or your credit card details (number, address of cardholder and expiry date) to us at the address below. Please add post and packing as follows: UK – £1.00 per delivery address; overseas surface mail – £2.50 per delivery address; overseas airmail – £3.50 for the first book to each delivery address, plus £1.00 for each additional book by airmail to the same address. If your order is a gift, we will happily enclose your card or message at no extra charge.

Luath Press Limited
543/2 Castlehill
The Royal Mile
Edinburgh EH1 2ND
Scotland
Telephone: 0131 225 4326 (24 hours)
Fax: 0131 225 4324
email: gavin.macdougall@luath.co.uk
Website: www.luath.co.uk